# 波音鬼怪工厂

蒲小勃　许　泽　主编

航空工业出版社
北　京

## 内容提要

该书是一部全面介绍波音公司创新研发设计机构鬼怪工厂的专著。书中回顾了鬼怪工厂的发展历程，简要介绍了鬼怪工厂的组织机构、业务范围以及历任管理者；分析研究了鬼怪工厂研发飞行器的设计特点、性能参数及其发展前景；探讨了鬼怪工厂的管理与创新实践以及在飞行器研发、预先研究中所采用的试验技术与方法。该书是国内第一本详细描述波音公司鬼怪工厂的图书，可供航空航天领域管理人员、科技人员以及从事快速研发与创新的组织学习与参考。

**图书在版编目（CIP）数据**

波音鬼怪工厂 / 浦小勃. 许泽主编. — 北京 ：航空工业出版社，2013.5（2019.1重印）
ISBN 978-7-5165-0152-8

Ⅰ. ①波… Ⅱ. ①浦… ②许… Ⅲ. ①波音飞机公司－工业企业管理－经验 Ⅳ. ①F471.265

中国版本图书馆 CIP 数据核字（2013）第 072999 号

波音鬼怪工厂
Boyin Guiguai Gongchang

航空工业出版社出版发行
（北京市朝阳区北苑2号院 100012）
发行部电话：010－84936597 010－84936343

三河市金轩印务有限公司印刷　　全国各地新华书店经售
2013年5月第1版　　2019年1月第2次印刷
开本：787×1092　1/16　印张：15　字数：238千字
印数：3501—4000　定价：60.00元

# 《波音鬼怪工厂》




## 编　写　组

**主　　编**　蒲小勃　许　泽

**编写人员**　冷洪霞　吕　剑　谢志航　沈玉芳　李悦霖

谭　勇　瞿　薇　谢文婷　杨晶晶　李　伟

范　怡　于　凯　薛槐敏

# 目　录

# 第 1 章
# 鬼怪工厂简介

在历史的舞台上，每一个时代，都有极少数命运的宠儿，天生风流，夺人眼球；但是，在芸芸大众间，也有那么些人，在时代的浪潮中沉浮，历经磨难方显真我本色。在美国的航空航天业界，洛克希德·马丁公司（Lockheed Martin Corporation）的臭鼬工厂（Skunk Works）是创新研究与研发机构的开创者和集大成者，其创新理念和运作模式在全世界得到了肯定和推广，成为企业自主创新机构的代名词，走在时代的浪尖上，是前一种类型；而在强大的波音（Bocing）帝国众多的军民用产品背后那个神秘的技术推手——鬼怪工厂（Phantom Works）——却几经坎坷，虽屡败，亦屡战不馁，求铸利剑，享誉国际，显然属于后一类。

20 世纪 60 ~ 70 年代，鬼怪工厂的产品 F-4“鬼怪”II 战斗机曾引起巨大的轰动，成为美国航空史乃至世界航空史上的一个神话。从那之后，虽然 F-4 持续发展，产生了多种型号，鬼怪工厂却开始沉寂，默默耕耘于“黑世界”，不为人知。直到 2002 年 10 月波音公司公开展示了鬼怪工厂秘密设计、研制、试飞的“捕食鸟”（Bird of Prey）验证机，人们才再次注意到鬼怪工厂的存在。鬼怪工厂在以前的麦克唐纳·道格拉斯飞机公司（McDonnell Douglas Aircraft Corporation，简称麦道公司，1997 年被波音公司兼并）以及现在的波音公司的技术发展中都起着举足轻重的作用。

直到如今，鬼怪工厂依然是正如其名，如幽灵般“犹抱琵琶半遮面”，没有公开而系统的介绍，保持着一种低调而神秘的气质。

# 1.1 鬼怪工厂的发展历程

鬼怪工厂（又译“鬼怪工程部”）目前是波音公司主要的研发部门。在麦道公司被波音公司兼并之前，它是麦道公司的研究发展部，其历史可以追溯到20世纪50年代。

## 1.1.1 鬼怪工厂的前身

1928年，詹姆斯·史密斯·麦克唐纳（James Smith McDonnell，见图1-1）在威斯康星州米尔瓦基（Milwaukee）建立了麦克唐纳与合作者公司（J.S.McDonnell & Associates），计划制造供家庭使用的私人飞机。1929年的经济危机使麦克唐纳的公司倒闭，他转投马丁飞机公司工作。1938年，麦克唐纳离开马丁公司，在密苏里州的圣路易斯（St.Louis）附近再次建立了自己的公司——麦克唐纳飞机公司（McDonnell Aircraft Corp.），而这里正是孕育鬼怪工厂的摇篮。

图1-1 詹姆斯·史密斯·麦克唐纳（1899—1980）

麦克唐纳飞机公司初建时，业务仅限于轰炸机的设计，规模有限。第二次世界大战后，由于军方飞机过多，美国政府订购停止，使麦克唐纳公司的发展受挫。但朝鲜战争的爆发，为麦克唐纳飞机公司提供了重生的机会，使其成为当时美国重要的军用飞机供应商。20 世纪 50 年代初，麦克唐纳飞机公司作为主承包商负责研发美国海军的 F-4 战斗机项目。为了高效地组织该项目的研制与生产，该公司在圣路易斯战斗机工厂内设立了一个专门从事新产品研制的机构，这就是“鬼怪工厂”最早的雏形。

F-4“鬼怪”战斗机的成功令麦克唐纳飞机公司获利颇丰，研究领域逐步扩展到直升机、运输机、导弹和空间技术等。麦克唐纳飞机公司也研发火箭，还试验超声速飞行，这些研究为它后来赢得了美国国家航空航天局（National Aeronautics and Space Administration，NASA）的“水星”（Mercury）计划和“双子座”（Gemini）计划合同。

1967 年，麦克唐纳飞机公司收购了道格拉斯飞机公司（Douglas Aircraft Corp.），成立麦克唐纳·道格拉斯飞机公司。图 1-2 为麦道公司的标志。合并后，公司实力大增，业务急剧扩大，主要生产了 MD80 和 MD11 民用喷气式飞机，以及 F-15“鹰”（Eagle）式战斗机和 F/A-18“大黄蜂”（Hornet）战斗攻击机。公司除了生产军用和民用飞机、火箭及导弹外，还从事宇宙飞船电子系统、计算机、数据处理、微波真空、太阳能、风力发电等多种设备和系统的研发与经营。

图 1-2　麦道公司的标志

麦道公司在国防和空间领域的实力使它赢得了政府这个重要客户。原麦克唐纳飞机公司为 F-4 研制生产而组建的研究团队，逐渐发展为麦道公司的“研究发展部”，成为麦道公司的研发核心，为政府承担了一系列“黑色项目”（即涉密项目）的研制，然而由于研究领域过窄，自身发展缓慢。

### 1.1.2　鬼怪工厂的成立

20 世纪 90 年代初，在美国另一军火供应商洛克希德·马丁公司内，其创新研发设计部门“臭鼬工厂”正发展得如火如荼，可谓到达了鼎盛时期，SR-71 侦察机（见图 1-3）、大名鼎鼎的 F-117A（见图 1-4）以及 YF-22 验证机均为臭鼬工厂的得意之作。相反，麦道公司却在先进战术战斗机（Advanced Tactical Fighter，ATF）、A-12 和联合攻击战斗机（Joint Strike Fighter，JSF）项目中接连受挫，尤其是在 ATF 之争中，麦道公司的方案排名居然在以民用飞机研制生产为主的波音公司之后，这给了麦道公司狠狠一击。

图 1-3　臭鼬工厂研制的 SR-71“黑鸟”侦察机

图 1-4　臭鼬工厂研制的 F-117A“夜鹰”隐身战斗机

1971 年，美国战术空军司令部提出了 ATF 概念，这可以算作是迈向第五代战斗机的第一步（国外对战斗机的划代采用五代划分法，见表 1–1）。1971 年 4 ~ 6 月间，战术空军司令部、空军总部、空军系统司令部、航空系统部等部门的代表齐聚一堂，共同讨论 ATF 的发展方向。会后，空军系统司令部要求航空系统部获取 ATF 的初步设计权衡分析结果。当年 11 月，8 家飞机公司递交了研究方案。最后，麦道公司和通用动力公司分别获得了 20 万美元的合同，主要进行技术评估、参数和要点设计权衡分析。

**表 1–1　战斗机的划代**

| 划代 | 代表机型 | 主要性能 |
| --- | --- | --- |
| 第一代 | Me–262、F–80 | 最早可作战的喷气式战斗机 |
| 第二代 | 米格 –15、F–86 | 采用后掠翼，高亚声速战斗机 |
| 第三代 | 米格 –21、F–100、F–4 | 超声速高空战斗机 |
| 第四代 | F–15、F–16、苏 –27、米格 –29、“阵风”、“台风”、“鹰狮” | 高机动全天候战斗机 |
| 第五代 | F–22、F–35、T–50 | 低可探测性、超声速巡航、超机动和信息综合能力 |

1972 年，新一代战斗机技术研究开始全面展开，而这些研究后来被纳入一个大的技术发展计划，即先进战斗机技术综合应用计划（Advanced Fighter Technology Integration，AFTI）。波音、通用动力、格鲁门、罗克韦尔（Rockwell）、麦道公司参与了 AFTI 计划。1981 年 6 月，美国空军发布第一份关于先进战术战斗机的信息征询书（Request for Information，RFI），并邀请 9 家公司参与讨论，分别是波音、费尔柴尔德、格鲁门、通用动力、洛克希德、麦道、诺斯罗普、罗克韦尔以及沃尔特飞机公司。麦道公司重点研究了鸭式布局，认为这才是下一代战斗机的主流，不过美国空军和海军却不那么认为。

1982 年 10 月，美国大部分战斗机厂商代表和空军代表开会讨论 ATF 概念。在这次会议上，ATF 的概念基本成形：这种飞机已经明确作为下一代空中优势战斗机；必须具有超声速巡航能力；作战半径 1111 ~ 1482km ；具有在 2000ft[①] 跑道上起降的能力，为此发动机需要装备反推喷管；执行空战任务

① 1ft=0.305m。

时起飞重量不超过27216kg，执行对地攻击任务时起飞重量不超过36288kg。随后，美国空军发布方案需求，开始进入ATF概念详细研究（Concept Development Investigation，CDI）阶段。1983年5月，CDI阶段结束，空军发布了一份招标书（Request for Proposal，RFP）。1983年9月，美国空军向所有厂商发出概念设计招标，波音、通用动力、洛克希德、麦道、诺斯罗普、罗克韦尔等6家公司宣布参与竞标。

在竞标的方案中，罗克韦尔公司提出的方案是所有方案中最美的，但也是在评测中最差的。该方案几乎拥有当时一切对美的定义——修长的机头、曲线前缘的边条和机翼、椭圆形尾翼、宽间距短舱布局和带激波锥的三元进气口，这些都令罗克韦尔的方案成为了最美战斗机的经典之作。不过在对比竞争中，罗克韦尔的方案评分最差，最先被淘汰。

麦道公司的方案在评价中排名第五。该方案在机翼和尾翼布局上非常类似于洛克希德的YF-22，这是因为麦道公司雇用了一些洛克希德公司的工作人员来支持该机的隐身技术。麦道公司的方案特别之处在于设计了一个楔形的机腹进气口。虽然麦道公司的方案并不是最差的方案，但公司还是对该方案在评定时竟然排在波音公司之后列第五位而感到非常震惊。

波音公司的方案排名第四。在今天看来该方案像是双发放大版的X-32，当然这个方案诞生时间要早得多。飞机采用了菱形机翼和V形尾翼布局，最特别的是巨大的前伸式下颌进气口，这个独立且造型奇特的进气口同时为两台发动机提供进气。然而该设计虽然特别但是却留有隐患。倘若一台发动机失效或停转将会严重影响另一台发动机的效率。在弹舱设计上波音公司的方案与洛克希德公司的F-22是一样的。

通用动力公司的方案排名第三。该方案可以看做双发放大版的F-16XL，飞机采用的是大后掠角三角翼布局，最大的特点就是全锯齿后缘。虽然该机采用了大量措施来降低飞机的可探测性，但是独立而高大的单垂尾严重破坏了整体隐身性。通用动力公司曾经计划在进气道上部的前缘根部扩散段加入两个共形天线阵，在进气口上方的机头部分安装红外传感器。

诺斯罗普公司的方案在评价中排名第二，与洛克希德公司的方案一同进入了竞争试飞阶段。不过，诺斯罗普公司当时提出的方案与后来的 YF–23 大相径庭，飞机采用的是两侧进气，双垂尾轻微外倾，采用了矩形矢量喷口，此外，飞机机头没有采用融合体截面设计。该方案与后来的 YF–23 唯一的相同点仅在于前后缘掠角相同的菱形机翼。

洛克希德公司提交的方案评价最高，虽然该方案与后来的 YF–22 也不尽相同。该方案的箭头形机头和网格进气口更加类似于 F–117A，这些设计对隐身有帮助，但是机头设计严重影响了飞行员的下视野。该方案在竞争中最得分的地方在于满足操纵性要求的矢量推力和四尾翼设计。当然也只有这两点在最终设计中保留了下来，其他部分都没有留下。

1986 年 10 月 13 日，洛克希德公司的 YF–22（见图 1–5）和诺斯罗普公司的 YF–23（见图 1–6）获胜并进入竞争试飞阶段。麦道公司选择与诺斯罗普结盟，提出采用风险过大、非常规方案的 YF–23，最终输给了洛克希德、波音和通用动力小组提出的 YF–22。

图 1–5 YF–22 原型机

ATF 的演示验证计划是有史以来最大的战斗机采办竞争案例，持续时间长达 4 年多，耗资约 20 亿美元。ATF 竞争的失利给一直从事国防项目研究

的麦道公司带来了沉重的打击。究其原因，主要在于诺斯罗普、麦道小组对未来空战思想及军方需求的错误判断。而在洛克希德公司方面，它所设计的YF−22 原型机具备了超声速巡航（不开加力）、超视距作战、高机动性、雷达与红外隐身等先进特性。洛克希德公司的创新研发部门——臭鼬工厂在这些优良特性的实现过程中做出过杰出的贡献。

图 1−6 1990 年 6 月 22 日，YF−23 原型机 PAV−1 在爱德华兹空军基地进行公开展示

鬼怪工厂虽于 20 世纪 50 年代就已存在，是麦道公司一个专门从事新产品研制的机构，但直到 1991 年，为了与洛克希德公司的臭鼬工厂开展竞争，麦道公司才正式创建了类似的创新研发机构——鬼怪工厂。该创新研发机构以麦道公司原有的“黑色项目”为基础，增加了一个新的重点，即低成本的原型机研制，总部设在密苏里州的圣路易斯，杰瑞·恩尼斯(Jerry Ennis) 出任总裁。

## 1.1.3 “鬼怪”得名由来

鬼怪工厂的标志（见图 1−7）来源于麦道公司 F−4“鬼怪”Ⅱ战斗机（见图 1−8），从外形看，两者颇为神似。F−4“鬼怪”Ⅱ是原麦克唐纳公司为海军研制的双座双发舰载重型防空战斗机，后来美国空军也大量采用。F−4 于1956 年开始设计，1958 年 5 月第一架原型机试飞，生产型则于 1961 年 10 月开始正式交付海军使用。1963 年 11 月开始进入空军服役。

图 1-7 鬼怪工厂的标志

图 1-8 F-4“鬼怪”超声速双座双发舰载重型防空战斗机

F-4 原先叫 F4H-1，其项目经理唐·马尔文（Don Malvern）本想将其命名为“撒旦”(Satan)，但公司掌门人麦克唐纳亲自宣布将此飞机命名为 F4H-1“密特拉神”(Mithras，波斯神话中的光明之神)。然而，验证机 YF4H-1 在首飞中发生的意外令他改变了主意。

1958 年 5 月 27 日上午，麦克唐纳公司试飞员 R.C. 李特尔（Robert C. Little）(见图 1-9）驾驶着全新的 YF4H-1 原型机从兰伯特 - 圣路易斯穆尼西帕（Municipal）机场起飞，升空后他操纵起落架收放开关试图将起落架收起。当飞机爬升到密西西比河附近时，李特尔遇到了液压问题，感觉起落架似乎没有收起。他再次操作了起落架收放开关，伴飞飞机的飞行员告诉他，

前轮舱门似乎卡在“打开”位置了。就在首飞当天，上天后的几秒钟，这架海军新型战斗机就出故障了！

图 1–9　R.C. 李特尔与“鬼怪”飞机合影

一般的战斗机都是单座、单发，装有航炮。而这架防御型截击机有 2 个座舱、2 台发动机，并且只能够携带导弹。它的机动性不如当时即将退役的 FJ–4“狂怒”(Fury)，速度不如竞争对手沃尔特飞机公司的 F8U–3“十字军战士”Ⅲ (Crusader)，甚至不如麦克唐纳自己的 F–101“伏都”(Voodoo，见图 1–10)。它的机头又粗又短，机翼弯曲得很古怪，尾翼面往下弯，之后数年人们都叫它“比丑更丑”(Double Ugly)。它之所以在此时上天，是因为海军需要一种全新的对地攻击飞机，但是它一直被当做截击机来研制，目的是保卫海军的航母战斗群。

具有种种不如意的这样一架飞机能有怎样的一个未来？当时在场的人当中谁也没有料到这架飞机后来会有多么成功，即便是最乐观的人心里也清楚，这架专为海军研制的舰载截击机，不会有很大的产量。虽然美国与苏联在搞核竞赛，但世界总体上还是以和平与发展为主流趋势。在美国国防部的五角大楼，海军还要为空军的远程战略轰炸机项目让路；在海军内部，截击机不如新型攻击机有优势，一些消息灵通的观察家甚至怀疑这架飞机只能止步于

图 1-10 F-101 战斗机拦截俄罗斯图-95“熊”式轰炸机

原型机和试验机。

纵然这架飞机注定会成为飞机研制历史上与“喷火”(Spitfire)、“野马”(Mustang) 和“佩刀”(Sabre) 齐名的经典战机而实至名归，并获得了真正荣耀，但在当时，这架全新的未经验证的飞机却让不少业内人士大跌眼镜，它所面临的发展前景饱受争议。而且，它的前轮舱门还卡死了！这简直是出师不利，不能再叫“撒旦”或“密特拉神”了，麦克唐纳改变了主意。1959 年 7 月 3 日，F4H-1 在圣路易斯麦克唐纳公司的一个仪式上按公司传统被正式命名为“鬼怪”Ⅱ (Phantom Ⅱ)。“鬼怪”后面的罗马字母“Ⅱ”是为了与第一代“鬼怪”FH-1 相区别，但其实 FH-1 早已退役，并不存在混淆的可能。

F-4 是第二次世界大战后第三代喷气式战斗机中的经典之作，将空战装备的技术水平推到了一个全新的高度，并为后来大获成功的各种第四代战斗机的研制奠定了基础。F-4 的成功巩固了麦克唐纳公司在国防领域的地位，使其成为最大的国防武器装备供应商。1991 年，当麦道公司成立统一的研发机构时，希望该机构能以“鬼怪式”的创新思维帮助各业务集团解决技术难题，进而提供创新的解决方案，于是定名为“鬼怪工厂”。

图 1—11　麦道公司生产的最后一架“鬼怪”

## 1.1.4　前期发展

鬼怪工厂正式成立后，进入迅速发展阶段，其实力已经可以与当时洛克希德公司的臭鼬工厂相抗衡。然而，鬼怪工厂的迅速发展并没有给麦道公司增强竞争实力，反而因为先进技术研究过于超前而忽略了实用性，脱离了现实需求，研究出来的东西经常无用武之地；而且鬼怪工厂挑战的多为高精尖技术，研发的重点多是“黑色项目”，涉足的领域比较窄，难度大，反而制约了自身的发展。鬼怪工厂的宗旨是“开发具有竞争力的技术”，但是有时研究人员并不能奉行这一原则。政府和麦道公司投入的资金不能得到应有的回报，这给麦道公司带来了致命的硬伤。

20 世纪 90 年代，麦道公司在美国军用飞机三大项目竞争中纷纷落马。首先是在取代 F—15 的重型制空战斗机方案竞争中，提出采用风险过大、非常规方案的 ATF/YF—23，因不及 YF—22 而落败；接着在海军隐身战斗机 A—12 计划中，与通用动力联合竞标，虽然赢得了合同，但因采用了制造条件不太成熟的三角翼飞翼方案导致预研费用增加，最终研制被取消；再后来就是在

JSF 计划中，再次提出全新动力方案，被认为风险过大，又拿不出令人信服的技术保证而又被淘汰出局。

麦道公司曾一度向鬼怪工厂施压，要求其转变研发重点，只研发那些能够转化为产品的项目，而非“为了研究而研究”。当时麦道公司的副总裁H.J. 兰尼斯（Herbert J.Lanese）就曾公开表示：“把钱投到明知不可能获得回报的地方是不明智的……归根结底，我们的原始动力还是将鬼怪工厂的研究变成产品。”无论是曾经作为 F-15 制造商的优势，还是长期与海军合作的背景，都没有办法让身陷未来技术迷局的麦道公司有回天之力。

1995 年，麦道公司重新调整研发力量，将为政府从事航宇研究的部门都合并到鬼怪工厂，关闭位于圣地亚哥的麦道技术公司（McDonnell Douglas Technologies Inc.，MDTI）和位于加利福尼亚州长滩的先进运输机发展部（Advanced Transport Aircraft Division，ATAD）。原麦道技术公司的职责转移到亚利桑那州的梅萨（Mesa），原先进运输机发展部的技术工作转移到圣路易斯鬼怪工厂，而其加油机／运输机项目由位于长滩的麦道公司 C-17 项目接管。合并扩大了圣路易斯鬼怪工厂的影响，新的鬼怪工厂由麦道公司的首席科学家詹姆斯·辛尼特（James Sinnett）领导。

### 1.1.5 “鬼怪”易主

虽然 1995 年的鬼怪工厂新政策让麦道公司在先进技术的实际应用方面取得了成效，但是，国防工业并不单纯地受经济逻辑的驱动，其中的很多企业都只有一个大客户，即美国政府。如果美国国防部想要动它一动，那么它就只能动一动了。

20 世纪 90 年代，随着冷战的结束，政府作为军用航空产品和服务的主要消费者的重要性降低，欧美国防工业都进入了整合阶段。在欧洲，1998 ~ 1999 年间，英国宇航公司（British Aerospace,BAe）兼并了通用电气公司（General Electric Corporation，GEC），形成了 BAe 系统公司；Aérospatiale 兼并了德国戴姆勒·克莱斯勒宇航公司（Daimler Chrysler Aerospace，DASA），形成了欧洲航空防务与空间公司（European Aeronautic Defense & Space

Company，EADS）。在美国，1993 ~ 1994 年，通用动力公司先后将固定翼军用飞行器部门（含 F-16 生产线）、空间系统部门和 Convair 飞机结构部门分别出售给洛克希德公司、马丁·玛丽埃塔公司以及麦道公司。1995 年，洛克希德公司与马丁·玛丽埃塔公司合并，成立了洛克希德·马丁公司；而罗尔斯·罗伊斯公司（Rolls Royce）收购了艾利逊公司（Allison，美国喷气式发动机制造商，原隶属通用电气 GE 集团）。1996 年，国防电子企业劳拉（Loral）公司将国防电子与系统综合业务出售给洛克希德·马丁公司。

1997 年，波音公司与麦道公司的兼并，正如同 20 世纪 90 年代国防工业界的其他兼并事件一样，是当时美国国防经费减少的结果。但是，其他的兼并事件都是把两家或两家以上的国防企业合并到一起，而波音与麦道的兼并则是把一家国防企业与一家民营为主的公司联结在了一起。而出乎意料的是，这似乎还成功了。

#### 1.1.5.1 兼并始末

1993 年，五角大楼召集了美国主要的国防承包商参加会议，这就是传说中的“最后的晚餐”。随着冷战的结束，军事采购预算裁减至原先的一半。美国政府机关表示希望减少与之接洽的供应商，因此，32 家国防承包商合并成为 9 家。

麦道公司前途堪忧。麦道公司本身就是兼并的产物：1967 年，加利福尼亚州主营民用喷气式飞机的道格拉斯飞机公司与主营军用飞机的麦克唐纳公司合并。这次联姻是一场灾难：位于加利福尼亚州长滩的原道格拉斯员工认为他们因位于圣路易斯的军用飞机项目而受到了忽视，合并后的新公司——麦道公司始终未能消除这种对峙。

而令波音公司总裁菲尔·康迪（Phil Condit）忧心的是，继续专注于起伏跌宕的民用飞机市场会带来怎样的后果？“那也就意味着波音公司在军用飞机和军用航天市场只分一小杯羹，而其主营业务随民用飞机的循环周期而时起时落。”为了寻求稳定，他设想了一着险棋：通过并购买入空间和军用飞机领域的专业技术。首先，是并购罗克韦尔这个中型防务公司的大部分；然后再做一桩更大的交易——并购麦道公司。结果将是产生世界上第二大防务公司和最大的航空航天集团。

美国国防部在不知不觉中为这个计划起到了推波助澜的作用。1996 年，国防部组织为研制联合攻击战斗机 JSF 竞标，这是有史以来最大的国防采购项目，获胜者可赢得价值 3000 亿美元的大单。麦道公司在进入最终回合之前被淘汰出局，而被选定研制原型机进行最后角逐的两家公司分别是洛克希德·马丁和波音。国防部对波音公司应用民用航空航天制造技术的能力颇感兴趣，希望以此来降低战斗机的价格。

对于麦道公司而言，未能进入最后一轮竞争意味着它从此失宠。麦道公司的老板哈里·斯通西弗（Harry Stonecipher）曾在 1995 年的时候试图与他的老朋友——波音公司总裁菲尔·康迪做一笔交易，但当时他们未能就价格达成一致。一年后，他们再次对话，决定再次尝试，但只能在波音公司完成对罗克韦尔公司的并购之后。1996 年 8 月，波音公司宣布并购罗克韦尔公司。

同时，哈里·斯通西弗需要一条退路，以防与波音公司的交易失败。他慎重考虑了抢在雷神（Raytheon）之前先发制人竞标休斯电子公司（Hughes Electronics）和得州仪器公司（Texas Instruments）。麦道公司主席与董事会或多或少给了哈里·斯通西弗自由行动权来谈一笔可以拯救公司的交易。

就在此时，菲尔·康迪致电哈里·斯通西弗，提议在西雅图的四季酒店会面。在那里，他们制订了交易的草案，甚至就波音公司需要支付的股价达成了一致。对于波音公司而言，当时的选择只有两个：要么当时就成交，要么旁观麦道公司买入得州仪器公司和休斯防务公司，逐渐做大。如果是后者，那么麦道公司就不是波音公司所能觊觎的了。如果当时波音公司不选择成交，那么它可能至今还是一家以民用航空航天为主的公司，击败洛克希德·马丁公司赢得 JSF 项目的机会就更加渺茫。

1996 年 12 月中旬，波音公司宣布兼并麦道公司，新的波音公司分成两个业务集团：信息空间与防御系统集团（Information Space & Defense Systems）、波音民用飞机集团（Boeing Commercial Airplane Group，BCAG）。1997 年 8 月 1 日，波音公司与麦道公司正式完成兼并。图 1–12 简明扼要地说明了波音公司的成长历程。

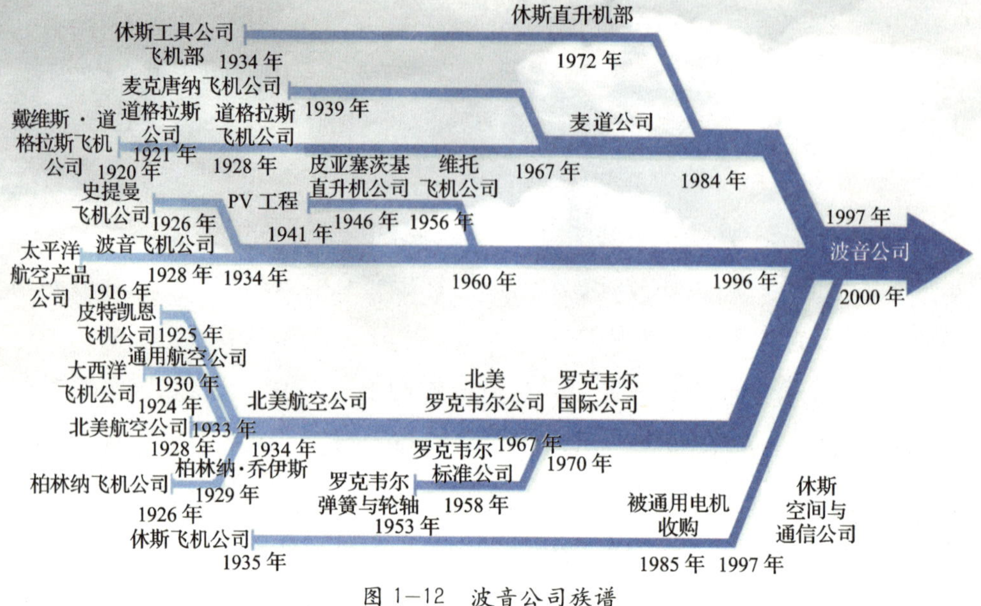


图 1—12　波音公司族谱

### 1.1.5.2 鬼怪工厂——兼并中的黏合剂

鬼怪工厂曾是麦道公司的核心研发机构，它所拥有的人才、资源和关注的研发重点，使麦道公司成为航空航天技术领域真正的世界领头羊。波音公司自从兼并了麦道公司，其最有价值的收获之一就是获得了著名的研究和开发机构——鬼怪工厂。麦道公司被波音公司收购后，鬼怪工厂得以继续发展，并增加了原波音公司在西雅图和帕姆戴尔的工厂与人员，在新波音公司的防务部门中继续发挥其独特作用，成为波音公司新思想、新技术和新工艺的源泉。

起初，鬼怪工厂并不是兼并后期计划的一部分，菲尔·康迪承认他曾对“把鬼怪工厂广泛用作融合整个公司的引擎而不仅仅是一个研发中心”的想法嗤之以鼻。而实际上，波音公司兼并麦道公司后，鬼怪工厂不仅成为新波音公司的一部分，更成为融合罗克韦尔公司、麦道公司和波音公司的关键。鬼怪工厂与波音公司的原研究机构和由西雅图飞机制造厂收购的罗克韦尔公司工作组紧密地结合，不仅协助将波音公司的运营机构分成 3 个部分来开发新产品，还作为一个通用技术孵化器来改进整个集团的制造流程，加强了研制与开发新产品的实力。

来自波音公司各个部门的科学家和工程师来到鬼怪工厂，任职3～4年后回到各自的业务部门。通过这种不拘一格的人才流动管理形式，鬼怪工厂成为融合波音公司这个强大帝国各个部门专业知识的黏合剂，推动了产品技术与业务流程的开发与变革；成为先进技术和成本节余流程在整个企业内部快速传播和散布的催化剂，推动了关键技术在整个波音公司的应用与发展。

图1—13 波音公司鬼怪工厂办公楼（楼前为“捕食鸟”无人机）

## 1.1.6 鬼怪工厂的几次调整

由于20世纪90年代的国防预算大幅缩水，美国国防军工企业为了谋求生存与发展，经历了一个不稳定的阶段。洛克希德的臭鼬工厂在此期间更换了多任总裁，经历了总部迁址、机构重组、公司合并、公司改组等多次调整。波音的鬼怪工厂同样经历了一个多变的艰难时期。

1999年，波音公司将鬼怪工厂这个研发机构重新定位为一个独立的业务部门，并决定将其总部从圣路易斯搬至西雅图。当时，鬼怪工厂与军用飞机和导弹系统集团（Military Aircraft & Missile Systems Group）的关系非常成熟，因为鬼怪工厂就是从这个领域成长起来的；与空间和通信集团（Space & Communications Group）的关系也日趋密切；而与波音民用飞机集团仍有较大距离。迁至西雅图后，鬼怪工厂的基地更接近波音民用飞机集团的工厂，

便于综合民用飞机业务，使原波音公司、麦道公司、罗克韦尔公司实现真正的融合。

菲尔·康迪说："鬼怪工厂搬迁至西雅图标志着我们进一步将重点放到提升对商用飞机业务的支持上。"这一变动反映了鬼怪工厂对于波音公司更快速、更高效制造出飞机的重要性。鬼怪工厂的工程师开发出了虚拟现实工具和其他技术来缩短设计零部件的时间。在此之前，波音商用飞机工厂已与高生产成本斗争了两年有余。而且，搬迁也可以解决其他问题：部分工程师曾抱怨工作重叠，且同在一个公司，地域上却遥遥相隔。在西雅图的工程师们也担心他们在军用项目方面的工作会被位于圣路易斯的前麦道公司的工厂夺走。

但是在 2006 年，由于美国空军退出了由其主导的"联合无人空战系统"(Joint Unmanned Combat Air System，J-UCAS) 计划，使波音公司的 X-45C（见图 1-14）项目深受打击。X-45 本是鬼怪工厂最初为美国国防部预先研究计划局 (Defense Advanced Research Projects Agency，DARPA) 和美国空军联合提出的一项先期概念演示计划而启动的。诺斯罗普·格鲁门公司的 X-47B（见图 1-15）最终赢得了美国海军的无人作战飞机验证计划，波音公司的 X-45C 竞争失败。随着 X-45C 项目的下马，波音公司便取消了"鬼怪工厂"的名字，将其改称为"先进系统部"(Advanced Systems)，主要从事一些项目的管理，不再从事新概念和先进技术的开发工作。

图 1-14　停放在内利斯空军基地的 X-45C 全尺寸模型

图 1–15 诺斯罗普·格鲁门公司的 X–47B

事虽如此，但波音公司对无人作战飞机研制项目的想法却并没有停止。2008 年 6 月，该项目又被正式提上日程。2009 年 5 月，该项目对外公布，这就是“鬼怪鳐”（Phantom Ray，见图 1–16）。而在之前的 2 月波音公司又恢复了“鬼怪工厂”的机构和名字，以此来表达公司对启动新无人作战飞机研制项目的决心。这一点还特别反映在波音公司对新项目的取名上，和公司习惯将新概念无人机以自然界生物取名一样，除根据外形给新无人作战验证机取名为“鳐”（Ray）外，还特别在前面增加了“鬼怪”（Phantom）的修饰语。

图 1–16 “骑”在波音 747 上的“鬼怪鳐”无人技术验证机

恢复鬼怪工厂的老名字，意味着波音公司也将恢复到传统的原型机研制方法。但由波音公司自筹经费研制的原型机，既不用满足特定的技术指标，或符合特定的政府规范，也不用参与特定项目的竞争。其主要目的是向政府、国防部或军方展示基于波音公司成熟技术研制的原型机所能够达到的先进技术水平，并希望能够引起军方的高度兴趣和关注。

新的鬼怪工厂属于波音综合防务系统部（Integrated Defense Systems，IDS），总部位于IDS集团总部所在地圣路易斯。鬼怪工厂关注各种新的创意，并不受波音公司综合防务系统内3个业务板块(军用航空器、网络与航天系统、全球服务与支持）规划的限制，业务范畴涵盖了当前的产品、下一代的先进系统以及可能用于未来系统的技术。

2010年，波音IDS集团更名为防务、空间与安全（Boeing Defense Space & Security，BDS）集团，总部设在密苏里州圣路易斯附近，而其主要雇员位于加利福尼亚州（人力资源强于圣路易斯）和华盛顿州。之所以把BDS办公室设在圣路易斯地区，主要是因为这里是前麦道公司的所在地，在空间和飞机项目上占据了重要地位，得到地区政治家们的广泛支持。鬼怪工厂成为BDS的一个下属机构，并进行了重组，整个团队细分为高级系统团队和高级技术团队。前者致力于具体的新商业市场，后者致力于为波音公司的所有商业用户提供工程、信息和制造技术。

随着“鬼怪工厂”的日益发展和壮大，它已经成为整个波音公司在基础技术、生产工艺、原型机和实验室等方面的共享资源，它在波音公司的地位以及在国际上的威望与日俱增，其发展前景不可小觑。

## 1.2 鬼怪工厂的组织机构

如今在全球范围内不断扩大研发合作的波音鬼怪工厂曾经鲜为人知，甚至当“鬼怪鳐”在公众面前推出时，对“Phantom”一词的理解还多有争议，而不知是源自“鬼怪工厂”(Phantom Works）之名。一方面承袭了麦道公司闻名于世的优质战斗机F-4“鬼怪”的头衔，另一方面似乎是与“鬼怪”一词带有的魅影气质相得益彰，鬼怪工厂挑战的多为高精尖技术，研发的重点多是“黑色项目”。但是正如前文所述，这也给麦道公司带来了致命的打击。

“祸兮福所倚，福兮祸所伏”。鬼怪工厂的先进技术研究并不全是科幻故事，也并不是完全没有市场基础。波音公司 2002 年 10 月揭开了“捕食鸟”的神秘面纱，让公众眼前一亮。“捕食鸟”是鬼怪工厂从 1992 年开始立项研制的低可探测性（即隐身性）技术验证机，也是经历了麦道鬼怪工厂到波音鬼怪工厂转变过程的一个型号。在“捕食鸟”身上，公众看到的是仿若科幻电影里的飞行器形象，但正是这个极具未来色彩的外形背后，集聚了美国空军最感兴趣的隐身技术和无垂尾飞机设计方案，同时也承担着鬼怪工厂自身快速原型机开发技术的验证任务。时任波音公司综合防务系统集团的总裁兼首席执行官詹姆斯·安波杰（James Albaugh）曾说过，对于波音公司而言，在“捕食鸟”这种技术验证机项目上付出的投入，能帮助波音公司在实现自身工业转型的道路上摆正位置，鬼怪工厂设计和研制这类型飞机的方法是波音公司需要借鉴以对自身加以改善的。另一方面，随着波音公司对民用、军用业务的合并与调整，鬼怪工厂也开始利用并发挥出波音公司的优势。更让人觉得好奇的是，这样一所带着神秘色彩的研发机构究竟会是以一种怎样的组织方式，存在于母公司旗下，发挥着不可替代的重要作用呢？

### 1.2.1　鬼怪工厂的机构设置

波音公司并购麦道公司后，在原鬼怪工厂的基础上，加入了波音公司原有的研发部和罗克韦尔工作组，组建了波音鬼怪工厂。而在波音公司不断进行机构调整的过程中，鬼怪工厂也同样经历了一些动荡，总部一度迁至西雅图以求更好地为商用飞机的先进技术研发服务。鬼怪工厂的分支机构遍布美国的十多个州，包括亚利桑那州、亚拉巴马州、加利福尼亚州、科罗拉多州、新墨西哥州、宾夕法尼亚州、弗吉尼亚州、华盛顿州以及华盛顿特区等（见图 1–17）。这些分支机构的驻地大多有着深厚的航空航天技术专业背景和悠久的型号研制、生产历史，虽然分散各地，却能在统一的鬼怪工厂名号之下，分享着丰富的研发资源，同时也能为当地的波音公司下属企业提供更便利的技术支持与保障。例如，前麦克唐纳飞机公司的军用飞机研制设施以圣路易斯为大本营，宾夕法尼亚州的费城有着前波音维托公司（Boeing Vertol Co.）的旋翼机研制设施，麦道公司的旋翼机研制设施则位于亚利桑那州的梅萨，波音公司在加利福尼亚州还有运输机、运载火箭、空间通信等业务，鬼怪工厂在这些地点都有相应的分支机构予以支持。

图 1-17　鬼怪工厂部分业务所在地

或许是秉持着这种就近提供研发助力的理念，波音公司鬼怪工厂在除了美国大陆之外的地方，逐步开设研发分支机构，开始了其全球化的进程。2002年7月成立于西班牙马德里的波音研究与技术欧洲分部（Boeing Research & Technology Europe，BR&TE），隶属于鬼怪工厂之下，是从事环境、安全性与可靠性、空中交通管理技术的卓越研究机构。这里是波音在欧洲的第一个完全自主拥有的研究与发展机构，员工来自欧洲多个国家，使波音公司能够用上欧洲正在研制的最新成果——环境和空中交通管理技术。

2008年1月，波音公司在澳大利亚建立了“鬼怪工厂”高级研发分部，这是波音公司扩大澳大利亚业务战略的一部分。新的分部分别以墨尔本和布里斯班为基地，涉及先进复合材料、轻型机器人技术、无人机、老化飞机技术、生物燃料、降噪减污、空中交通管理等研究领域，将与当地研发机构，包括大学、联邦科学和工业研究机构以及防务科学和技术机构进行合作。这被看做是波音公司加大在澳投资的前站，从管理和投入上代表波音公司把其创新动力带到了澳洲，并且对当地的波音公司供应商和澳洲本土研究机构的业务均大有助益。同时这个部门的成立也说明波音公司认识到澳大利亚有众多的优秀人才，澳大利亚是波音公司美国以外业务最多的国家，波音雇佣的澳大利亚人共有4000名。

### 1.2.2 鬼怪工厂的人员管理

在波音公司约15万的员工中，鬼怪工厂拥有的技术人员和工程师在2000人左右，散布在整个波音企业之中，通过共享的IT系统处理项目工作。管理波音公司鬼怪工厂的“一把手”是总裁，担任这一职务的人无一不是长期从事着先进技术项目的管理工作，经验丰富。像罗伯特·克里格（Robert Krieger）就是以波音公司首席技术官（Chief Technology Officer，CTO）的身份出任鬼怪工厂的总裁，一直任职到他2007年底退休。而鬼怪工厂的现任总裁达瑞尔·戴维斯（Darryle Davis）在麦道公司曾负责F/A-18“大黄蜂”的业务开发，担任过AV-8B“鹞”II的项目经理，后来他在波音公司不仅参与了JSF项目，还担任过先进系统公司旗下业务部门的副总裁。

总裁们在掌舵鬼怪工厂前，与鬼怪工厂的渊源也颇深。2008～2009年间担任鬼怪工厂总裁的马修·甘茨（Matt Ganz）曾管理着休斯研究实验室（Hughes Research Laboratories，HRL），与鬼怪工厂有着广泛的合作关系。值得一提的还有戴维斯，他在先进系统公司时就负责与鬼怪工厂合作，帮助提升业务增长能力。在联合无人空战系统方案X-45C基础上发展而来的“鬼怪鳐”是戴维斯为鬼怪工厂总裁的任期内与公众见面的。戴维斯曾经担任X-45的项目经理，这又是一个历经波折的项目。项目进行到中途，无奈美国国防部决意取消，美国空军旋即退出，美国海军独立启动UCAS，波音公司的方案却又在竞争中惨遭失败。但是波音公司在这个项目上花费的时间不止10年，轻易放手谈何容易。在不到3年的时间内凭借自主资金以“鬼怪鳐”原型机的设计、制造和准作战状态试飞延续了X-45的发展。在此期间鬼怪工厂的名称一度停止使用，戴维斯却总是伴随着“鬼怪鳐”点点滴滴的消息出

现。从 X-45 到“鬼怪鳐”的亮相，从 X-45 项目经理到“鬼怪工厂”总裁之位，堪称一段与“鬼怪工厂”的不解之缘。

总裁之下设有一些分管不同业务领域的副总裁，但是副总裁分管的业务并不会永远都保持一致。有负责寻求合同研发机会并根据波音公司内部技术投资战略开展分析研究的SD&A（Strategic Development & Analysis）副总裁，即负责战略开发与分析的副总裁；有分管结构技术、原型机与质量的副总裁，负责的业务范围包括先进材料与工艺、结构设计与分析、制造技术、原型机研制及质量管理等；还有负责工程与技术的副总裁，领导先进技术研发项目在工程应用上的业务开展。这是根据副总裁本人的专业领域和鬼怪工厂的需求而确定的。副总裁一般身兼数职，曾任鬼怪工厂副总经理的戴维·惠兰（David Whelan）也是波音综合防务系统部的首席科学家。戴维·惠兰和同业人士一样，都很关注美国创新途径的未来，他的理由是“政府数据表明，在过去的 19 年间，投资水平在工业领域下降了 40%，应用技术仅占 6.2%……投资水平降幅如此巨大，不仅影响了用于新系统的技术途径，对这些项目造成风险和进度上的影响，也减少了通过管理技术开发项目成长起来的经验人群”。对一个创新人才最大的挑战就是思维开阔，对于新技术的潜力既愿意倾听又有充分的了解。管理层有这样的理念也使得鬼怪工厂不仅仅是孵化先进技术、工艺、产品的地方，也是培养优秀项目管理人员的地方。鬼怪工厂的总裁和副总裁们也担任着鬼怪工厂重点项目的项目经理。

在高级管理层之下，鬼怪工厂的基本组织结构以团队划分，总的说来是由保障团队、技术团队、先进系统团队和地区代表构成（见图 1-18）。根据企业不同阶段的不同需要，在团队的组成和名称上会有细微的变化，诸如企业增长团队在 2007 年以前是不存在的，仅仅是由戴维·惠兰分管着企业的战略增长，但在 2007 年后，先进系统团队的业务就并入了这个新设立的团队中。不仅如此，某些地区代表也会因其负责的事务的性质而隶属于某个团队，而不在地区代表的集合内，比如驻华盛顿代表其实是保障团队的成员，波音研究与技术欧洲分部的负责人则是技术团队不可或缺的成员。鬼怪工厂内部灵活的组织结构调整，一方面保证了企业的重点发展方向与时俱进，另一方面则有利于企业资源的合理分配。

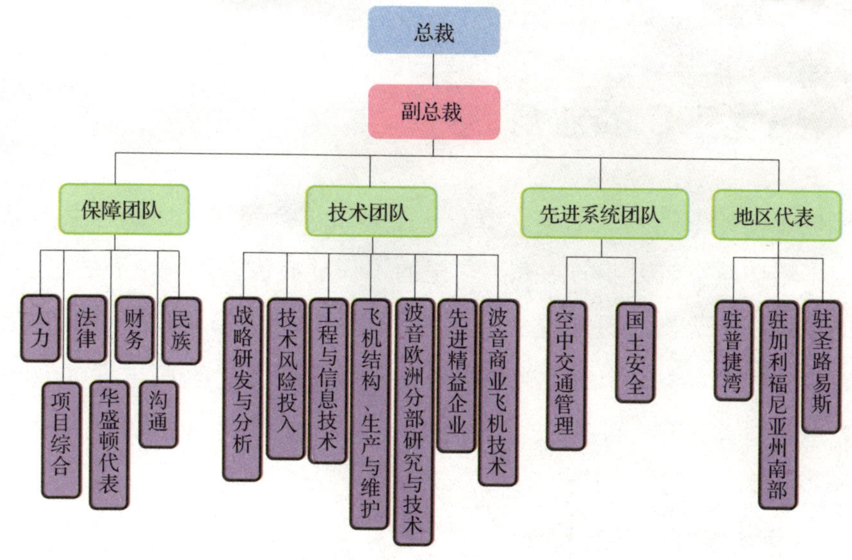


图 1–18 鬼怪工厂组织结构概况图

保障团队为整个鬼怪工厂提供财务、人力、法律、项目综合、沟通、民族等管理性质的支持。技术团队关注的是不同专业领域、不同业务背景的技术发展，包括：战略研发与分析，技术风险投入，工程与信息技术，飞机结构、生产与维护，波音欧洲分部研究与技术，先进精益企业，波音商业飞机（Boeing Commercial Airplanes，BCA）技术。先进系统团队主要负责空中交通管理和国土安全。在重要的业务地区，如圣路易斯、普捷湾等都设置了地区代表。

图 1–18 中所示的鬼怪工厂组织结构并不复杂，这仅仅是与管理职位相对应的管理层布局。超出这个布局以外的，细分至管理相关专业的主任系统，比如律师出身的米勒·亚当斯（Miller Adams）坦言自己是在认识到当今世界技术引领的趋势后，欣然加入鬼怪工厂，担任了技术规划与采办团队的主任；辛西娅·伍德尔（Cynthia Woodall）曾任质量主任；帕特里克·唐纳利（Patrick Donnelly）是陆军专项主管。技术路线则有各技术专业的首席科学家、研究员和工程师队伍。整个鬼怪工厂所涉及的高科技项目多达 500 个，

因项目而产生的管理人员和技术负责人也遍布在鬼怪工厂各地的分支机构中。可以说，鬼怪工厂的组织结构看似有形，又化于无形，在一定程度上是与其具体业务情况密不可分的。

## 1.3 鬼怪工厂的业务

鬼怪工厂的业务涉及很多，但有一个宗旨不会改变，那就是鬼怪工厂一直致力于塑造航空航天业的未来。这里的工程师们认为，与今天的产品相比，未来的飞机和航天器将更加安全、功能更强大和可靠，而且用更少的时间和资金就能完成产品的设计、生产和维护。更重要的是，这些工程师们一直在开发先进的技术、工艺和系统，使得航空航天业的未来构想不断成为现实。

### 1.3.1 合并前的业务局面

20 世纪 90 年代初期，随着苏联的解体，美苏两国长久以来的冷战偃旗息鼓。在冷战时期，两国积极开展的军备竞赛集中体现在航空航天事业上。美国的航空航天产品，不论是实现了人类登月创举的航天飞船，还是在越南战争中遭遇尴尬落败的空军装备，却都见证了美国航空航天工业的蓬勃兴盛。到了 20 世纪 90 年代，美国国内的航空工业已经出现生产过剩、超出市场承受能力的情况，随着冷战的结束，需求的减少，大公司面临着财务危机，小公司不堪竞争，致使融合与兼并成为了时代的主题。

1993 年波音公司意图出资竞标接管通用动力的航空部，负于洛克希德公司。巧合的是，也正是在这一年，军用飞机公司中的生力军，也就是 4 年后隐名并入波音公司的麦道飞机公司，在公司总部圣路易斯庆祝交付第 10000 架军用喷气飞机。波音公司这一举意义重大，因为当时的波音公司虽然是世界最大的航空制造公司（世界 500 强企业排名 47 位），但是除了对其商用飞机进行改型以适用军事用途外，几乎没有什么大型的军品项目。民用事业占据了波音 75% 的营业额，公司管理层认识到民用市场上存在较大的周期性波动，做出了介入各大主要航天市场和军用项目以减少对民用事业依赖的战略决策。

为实现这一目的，波音公司动作频出，对大至麦道公司这样的航空领域巨头都发出了意向，开展收购或兼并的商谈。历经 3 年多的波折和坚持，波音公司分别于 1996 年、1997 年和 2000 年完成了对罗克韦尔国际防务与空间业务、麦道公司和休斯空间与通信公司的收购，逐步实现了战略大转移。

细看罗克韦尔国际防务与空间业务这一笔收购案中涉及的部门，波音公司的战略目的昭然若揭，交易中仅仅针对罗克韦尔航天和军品部门，整合后命名为波音北美股份有限公司，不属于交易范围内的部分则形成了罗克韦尔名下的另一家新企业。而位于圣路易斯的麦道公司则是从 20 世纪 50 年代开始，凭借着 F−4“鬼怪”Ⅱ的设计、生产一跃成为西方世界战斗机生产龙头老大，经过垂直起降的 AV−8B“鹞”、空中优势战斗机 F−15“鹰”和多任务舰载机 F/A−18“大黄蜂”等巩固了其在战斗机设计、制造上的优势。在 20 世纪最后的 25 年里，美国军方主要的战斗机、攻击机，有一半产自圣路易斯。波音公司以 130 亿美元兼并麦道公司的这一笔世纪兼并案，真正地让波音公司以强势回归到美国防务市场。当年，波音公司参与研制的 YF−23 实现了首飞，F/A−18E/F 进入生产，F−15、F−18 的交付顺利推进，此外还斩获了北约机载告警与控制系统（Airborne Warning and Control System，AWACS）飞机的现代化改装合同。次年被选定进行改进型运载火箭(Evolved Expendable Launch Vehicle，EELV）的设计与研制，拿下了空军大型合同的最大份额，波音公司的江山形势一片大好。

### 1.3.2　合并后的业务版块

“航空工业不相信眼泪。”麦道公司必须改变，鬼怪工厂也必须改变。为了与波音公司整体业务调整和扩张相适应，波音鬼怪工厂所涉及的业务也整合成为五大主要版块，被称为鬼怪工厂的五大助力（Five Thrusts），分别是：先进波音军用飞机（Advanced Boeing Military Aircraft，ABMA）、先进全球维护与保障（Advanced Global Services & Support，AGS&S）、先进模拟与仿真（Advanced Modeling and Simulation，AMS）、先进网络与空间系统（Advanced Network & Space System，ANSS）以及战略开发与试验

(Strategic Development and Experimentation，SD&E)。

• 先进波音军用飞机（ABMA）：主要为未来防务转型提供解决方案，项目包括“鬼怪鳐”无人技术验证机，高空长航时（High Altitude Long Endurance，HALE）无人机，持久情报、监视、侦察（Intelligence，Surveillance，and Reconnaissance，ISR）无人机，争取美国空军下一代战略轰炸机以及美国海军的先进海军攻击武器系统。

• 先进全球维护与保障（AGS&S）：主要负责利用创新能力对新业务进行开发，利用战略合并与采办扩大业务范围，并将这些业务转变为适当的业务单元。其下有 3 个主要领域：机动、后勤指挥与控制（Mobility & Logistics Command and Control，LogC2)、能源方案以及地面保障。

• 先进模拟与仿真（AMS）：通过协调和综合全公司在世界范围内的模拟、仿真与分析资源，为企业和客户提供网络支持，为其拓宽选择、评估选择方案并做出正确决策提供有用的分析和创见。旗下的机构与设施包括：波音中心、虚拟作战中心、波音系统分析实验室、门户（The Portal）机构以及一系列在建的用以满足客户需要的设施。其中，波音系统分析实验室设在澳大利亚，门户机构是波音与位于英国的著名国际防务与安全技术公司吉内蒂克(QinetiQ）合作组建的机构，设在英国。此外还有波音实验室网络（LabNet)，不仅连接了波音公司自己的实验室，还连接了全球范围内很多政府实验室、商用实验室和民用实验室。

• 先进网络与空间系统（ANSS）：目前正在防务和民用领域研发下一代网络能力和空间系统，项目包括先进网络与战术系统、先进情报与安全方案、先进导弹与防务系统、先进空间与情报系统以及先进空间勘探。能力领域包括了网络能力、空间能力和系统能力。

• 战略开发与试验（SD&E）：提供的是系统家族（Family-of-Systems）试验能力，能够进行面向客户的人在回路中试验。这一块主要负责与客户共同剖析未来将优先发展的那些需求，分享彼此的创见，拓展客户伙伴关系，同时负责制订、更新并执行优先试验计划，向具有试验能力以及 AMS 联网的地点发布联合作战综合系统评估过程。

鬼怪工厂十分看重这五大助力，它们是欣欣向荣的核心业务。先进系统真正代表着鬼怪工厂乃至整个波音公司的核心实力，而这五大助力作为技术推动力，是成就先进系统的基石。在先进系统的基础上，鬼怪工厂可以向更前沿的新兴领域开拓，获得使能技术（Enabling Technology）。对于鬼怪工厂来说，不论是作为基础的五大助力，还是走在前端的使能技术，都不是起点，也不是终点，而只是其发展的中间环节。五大助力将技术转化到现有的项目和涉及“下一代”的项目上，使能技术则建立起可行性，实现朝助力的转化。

对于波音公司来说，鬼怪工厂同样既不是起点也不是终点，而是时时刻刻活跃在起点和终点之间，看似无形却胜似有形的巨大作用力。波音公司想要扩大企业投资回报，以鬼怪工厂作为研发工作的集中管理机构，专注于满足业务部门中长期需求所必需的技术以及投资，进行研发，然后在全公司内部复制或推广研发的成果。这样，不仅平衡了合同研发与整体研究，也能确保合适的技术在合适的时间得到最佳的利用，确实不失为战略管理的良策。这让人不得不感叹，鬼怪工厂为了适应波音公司的整体战略，做出的自我定位是多么及时而准确！

### 1.3.3　鬼怪工厂的业务概况

而今的鬼怪工厂业务范围不仅仅是从事其传统的飞机及系统类主营业务，还拓展了支持类业务，同时也开展外部合作与风险投资。

（1）飞机及系统类业务

鬼怪工厂所从事的飞机及系统类业务包括验证机研制、飞机与系统方案开发等。

①验证机研制

鬼怪工厂目前开展的工作中最为世人所关注的一个领域是“X 系列飞机”的研制和试验。考虑到目前波音公司的庞大构成，X 系列飞机可以追溯到 20 世纪 40 年代，美国空军签约道格拉斯飞机公司研制高空高速验证机 X−3“短剑”（见图 1−19），探索持续 *Ma*2 飞行的高速气动现象；而后有北美航空公司研制的高超声速研究机 X−15（见图 1−20），探索超高空超声速飞行及从太空重返大气层时可能出现的问题。X-31A（见图 1-21）则是在 20 世纪 80 年代由罗克韦尔国际防务与空间业务和德国航宇公司联合研制，当时的想法是研制一种飞机，可利用发动机矢量推力，与飞机控制舵面协调，从而实现高速下的高度机动性。最初项目名为超常规动态特性强化（Super-Normal Kinetic Enhancement，SNAKE）验证机，后来更名为高机动性战斗机（Enhanced Fighter Maneuverability，EFM）。波音公司和洛克希德·马丁公司竞争 JSF 项目始于 1996 年，波音研制的验证机为 X-32（见图 1-22），洛克希德·马丁的验证机为 X-35（见图 1-23）。2001 年洛克希德·马丁赢得了合同，但是波音的 X-32 在直接升力技术上有了长足的发展，为鬼怪工厂未来的项目奠定了基础。

图 1-19　道格拉斯 X-3 高空高速验证机

图 1-20　X-15 开拓了跨大气层飞行的新领域，是航天飞机和空天飞行器的先驱

图 1—21　X—31 推力矢量技术验证机

图 1—22　波音公司的 JSF 方案验证机 X—32
（因其使用了大量先进技术且技术实现难度较大而在竞争选型中落败）

图 1—23　洛克希德·马丁公司的 JSF 方案验证机 X—35

真正意义上与鬼怪工厂相关的，是始于1994年的X–36无尾技术验证机（见图1–24）。X–36是NASA艾姆斯研究中心与麦道公司（即现在的波音公司）鬼怪工厂之间的一个合作研究与演示验证项目，目的是合作开发一架28%缩比遥控试验飞机，以演示验证采用隐身设计的无尾战斗机的可行性和敏捷性。X–36共制造了两架，它没有平尾或垂尾，与常规布局战斗机相比，可降低重量、阻力和雷达截面积（Radar Cross–Section，RCS）。X–36对先进的飞行控制技术也进行了探索，如分裂式副翼和推力矢量技术。在NASA和鬼怪工厂看来，这是一个非常成功的合作项目。X–36既深入研究了先进低可探测性战斗机设计方案，又在深奥的无人驾驶飞行领域进行了探索。试飞证明了鬼怪工厂设计的新飞行控制系统非常成功。

图1–24 NASA和鬼怪工厂联合研制的遥控无尾技术验证机X–36

“捕食鸟”（见图1–25）是鬼怪工厂秘密研制的隐身技术验证机。于1992年开始研制，2002年公之于众。“捕食鸟”在隐身技术方面具有突破性的进展，不但注重雷达隐身，而且在白天也能实现光学隐身，使敌方光学设备难于捕获到，优于F–117和B–2。通过鬼怪工厂的成功验证，麦道公司向美国军方表明了该公司在隐身技术方面的专业技能和领先地位。

②飞机与系统方案开发

鬼怪工厂还在运输机、超声速等领域研究各种创新飞机方案和系统方案，

图 1–25　隐身技术验证机“捕食鸟”

这些方案融合了 21 世纪可能有所发展的新技术，比如翼身融合的超大运输机（Ultra Large Transport Aircraft，ULTRA）、无尾构型的先进战区运输机（Advanced Theater Transport，ATT）、高超声速的 X–43、X–51 项目以及未来的第六代战斗机技术。

其实，鬼怪工厂的事业远不止于试验型飞机和军用飞机。鬼怪工厂的工程师们还发挥其专业能力，为波音公司的新产品（从波音 777 喷气式客机到德尔塔Ⅳ型运载火箭系列）出谋划策，以期减少研制周期和成本。鬼怪工厂目前正在进行包括“智能”飞行控制在内的一些先进飞行控制项目，可以让飞行员在飞机失去部分或全部主要人工飞行控制时能安全飞行并降落飞机。鬼怪工厂还在研制低成本轻型相控阵天线，它将提升高数据率的军用通信和商业通信。军用通信能够接收宽带全球广播系统信息，而天线能为航班同时提供数据和电视通信。鬼怪工厂另外还有一支从事高级航空电子系统研究的队伍，他们利用商用电脑技术和工艺，为军用和民用飞机及航天器生产出可再利用的航空电子系统，生产成本还不到目前系统的一半，而开发和升级的速度更快，功能更为强大。

从更大范围来说，鬼怪工厂正与美国海岸警卫队就综合深水项目进行合作，与美国军方就未来作战系统项目进行合作。他们都需要开发出一套完整的系统，包括通信卫星、飞机、海上或地面系统等，以便最大限度地出色完成任务，同时使总的运营和支持成本最小化。

利用波音公司在产品、工艺和人才方面的深度和广度，鬼怪工厂能够更好地确定新的系统解决方案，某些解决方案的良好发展足以促成在波音公司内部形成一个全新的业务部门，2009 年宣布成立的无人空中系统（Unmanned Airborne Systems，UAS）部是在 UAS 业务得到了长足发展后顺应时势而建立起来的。

（2）支持类业务

鬼怪工厂的支持类业务主要涉及辐射模拟、数学与计算技术、结构与工艺以及精益化等诸多研究领域。

①辐射模拟研究

麦道公司并入波音公司后，鬼怪工厂从波音公司接管了波音辐射效应实验室（Boeing Radiation Effects Laboratory，BREL）。该实验室从 1963 年起一直承担着内部项目和用户指定项目的空间辐射模拟研究。实验室配备各种模拟设施，用于研究与自然空间和武器系统威胁相关的核辐射环境。由波音公司设计的硬件子系统在国际热核试验反应堆（International Thermonuclear Experimental Reactor，ITER）上使用，即使是在非常高的热通量上也可以很好地工作。

②数学与计算技术

数学与计算技术（Mathematics & Computing Technology，M&CT）机构也是鬼怪工厂的一部分，这里的技术人员帮助波音公司解决一些世界上最复杂的计算问题。信息技术对每一件产品以及设计、制造和支持波音产品的每一个过程都十分关键。该组织要与波音公司内的各单位合作，在数学和信息科学中开展应用研究和原型研制，既有波音公司的资助项目，也有与大学、政府部门以及工业研究团体的合作。这样，M&CT 将新技术从原型转变为首次生产利用，让公司尽可能快地获得成本和质量效益。目前由鬼怪工厂承担开发的各种鲁棒型数学与信息软件程序可以从波音公司购买到。在 30 多年的开发和试验的基础上，波音公司的数学软件库 BCSLIB 成为具有强大数学软件模块的高质量软件库，可处理大范围的数学问题。BCSLIB-EXT 是一款获奖的 Fortran-77 数据库软件，具有强大的数学软件模块，用于处理大型线性代数问题。稀疏最优控制软件（Sparse Optimal Control Software，SOCS）是多用途软件，可处理优化控制问题，其应用包括弹道优化、化学过程控制和机床刀具路线定义。2 阶段排料算法（2NA 或“Tuna”）软件可以在库存板材上布置好不规则零件的形状，将材料的耗费率降到最低。智能迭代解算器服务（Intelligent Iterative Solver Service，IISS）也是鬼怪工厂业务的一部分，采用了许多软件包，包括波音迭代解算器软件，用来解决极大型稀疏矩阵问题。

在波音公司内外，还有一个大家都知道的“波音数学组”，波音数学组其实是一群数学家和工程师的统称，正式的名称是数学与工程分析。虽然“有名”但却并不是实际的组织。波音数学组掌握了大范围的迭代方法和预调节器，其下的专业人士有 110 ～ 120 多位，分别在不同的小组中工作，包括运筹学研究小组、几何与优化小组、应用统计学研究小组、数学建模小组和计算数学小组。波音公司上下都在推行以运筹学进行市场营销的工作，运筹学研究小组按照需求为他们提供专业的指导和分析研究。令人惊讶的是，这样一个小组的组成人员也不过十多人而已。当波音公司遇到诸如是制造更高效的飞机还是追求更高速的声速巡航这样两难的问题时，如没有数学组的统计学家们进行的选择建模分析，选择前者的决策是无法做出的。如今波音 787“梦想客机”已经交付使用，乘坐它的乘客们会欣然发现机舱内的湿度更高、舒适性更佳，这也是多亏了数学组的专家们针对乘客舒适度进行了专门的模拟、试验性设计和数据分析。

③结构与工艺研究

在鬼怪工厂还有负责制造工艺的团队，他们率先采用了高速机械加工、摩擦搅拌焊接、自动化纤维铺放和缝合树脂膜灌注等技术，生产出比多件结构更坚固、更轻的大型单件金属及合成结构，而且生产速度更快、成本更低。鬼怪工厂参与的“先进轻型飞机机身结构”（Advanced Lightweight Aircraft

Fuselage Structure，ALAFS）项目，是模拟飞行器设计的工程制造阶段，缩减结构设计生产风险并予以验证。ALAFS 项目针对 F/A-18E 的中机翼和中段机身，提出了减重 20%，寿命周期成本减少 30% 的目标，在设计方案中采用了纤维技术合成蒙皮，工艺流程中采用高速生产工艺制造由薄壁板和紧固件构成的部件，并将树脂成形技术应用于翼梁的生产。虽然 ALAFS 项目的设计方案和研究成果并没有应用于 F/A-18E 的实际生产，但是得到了 JSF 项目的评估和借鉴。

④精益化研究

鬼怪工厂认为精益工程、精益生产和精益的供应商管理组成了实现精益企业的推动力，因此也致力于这方面的研究。其中精益工程主要采用了 3D 立体参数模型、尺寸管理、虚拟生产、基于模型的内外部定义、单一来源产品数据、虚拟合作等手段；精益生产采用了产量研究、可变性缩减/统计过程控制（Statistical Process Control，SPC）、高效能工作机构（High-Performance Work Organization，HPWO）、加速改进车间（Accelerated Improvement Workshop，AIW）、先进技术装配、操作员验证等方法；而精益供应商管理则包括了进行精简供应商，选择持证供应商，供应商合伙人化，采用电子商务/CTTIS，加强综合产品小组的参与，等等。通过这些过程和方法，鬼怪工厂可以减少重复工作和产品定义更改，优化生产流程，从而实现明显的成本和周期时间缩减。这一系列基于模拟与仿真的应用，为鬼怪工厂的产品研发过程带来了范式上的根本转变，无须制造成本高昂的硬件原型，生产出的系统就已具备更高的效用、更为耐用和性能更佳，质量水平也堪称第一。

上面提到的这些工艺和其他许多创新技术，能够为未来鸭式旋翼/机翼、翼身融合运输机、空间机动飞行器、太阳能轨道转移航天器、轨道快车、高级战区运输机和无人驾驶战斗机系统的开发节约大量的时间和成本，为产品提供解决方案。这些技术还用来缩短波音公司新产品的研发周期和成本，如联合攻击战斗机、德尔塔III型和IV型运载火箭以及波音 777 飞机。

鬼怪工厂还对上述尖端项目中的新技术和新工艺进行认证，并将它们应用到现有的项目之中，从而节约了时间和成本。涉及的项目有：F/A-18E/F“超级大黄蜂”、C-17“环球霸王”Ⅲ、航天飞机、AH-64D“长弓阿帕奇”、机载报警与控制系统以及新一代波音737等。

⑤其他业务

在鬼怪工厂纷繁的业务中，看似最不相关但却依然开展得有声有色的，是对波音简化英语检查器和波音通俗语言检查器的开发，前者应用到了空天领域维护保障用的文件上，后者支持了美国政府推广的通俗语言要求。

（3）外部合作与风险投资

除了自身内部的研究创新能力，鬼怪工厂还经常与其他公司组成团队开展创新工作，合作伙伴包括开展集成电路设计的哈里斯半导体公司（Harris Semiconductor）、提供火箭发射推进器技术的锡奥科尔推进公司（Thiokol Propulsion）等。

与大学、研究机构等开展合作也是必不可少的，密苏里科技大学、麻省理工学院都在鬼怪工厂的合作名单上。密苏里科技大学研发实力过硬，既能赢得政府的研发合同，又能创造出具有突破性的技术，并拥有国家级航空制造技术中心（Center for Aerospace Manufacturing Technologies, CAMT）；麻省理工学院作为常青藤院校，提出了“精益促进倡议”（Lean Advancement Initiative，LAI），与鬼怪工厂的精益理念不谋而合，积极推广现阶段商用及防务领域的复杂增强性软件系统的认证过程。

另外，鬼怪工厂还与雷诺F1车队联合开发计算流体动力学（Computational Fluid Dynamics，CFD）程序，对波音拥有知识产权的一套程序进行修改。双方的合作还将超出新CFD工具开发的范围，扩展到结构、先进数字化制造（快速样机设计）以及事故调查。

与波音不断扩大全球化业务的战略相应，波音鬼怪工厂2003年向加拿大风险投资公司——技术投资有限责任公司（TechnoCap Inc.）注资1000万美元，支持加拿大技术公司的发展。风险投资是把资本投向蕴藏着失败风险的高新技术及其产品的研发领域，目的是促进高科技成果尽快商品化、产业化，以此获取高资本收益的一种投资过程。像鬼怪工厂这样的技术密集型部门，一方面需要时刻瞄准高新技术的发展方向和动态，另一方面也必须积极地扩大企业研发投资回报，采用风险投资基金的方式运作资金，实现技术和收益的双重回报。有资料表明，从鬼怪工厂重整旗鼓开始到2003年，5年间风险投资的金额就高达2.5亿美元，资金流向的国家有30多个，包括中国、英国、以色列、澳大利亚、俄罗斯、日本和瑞士等国。

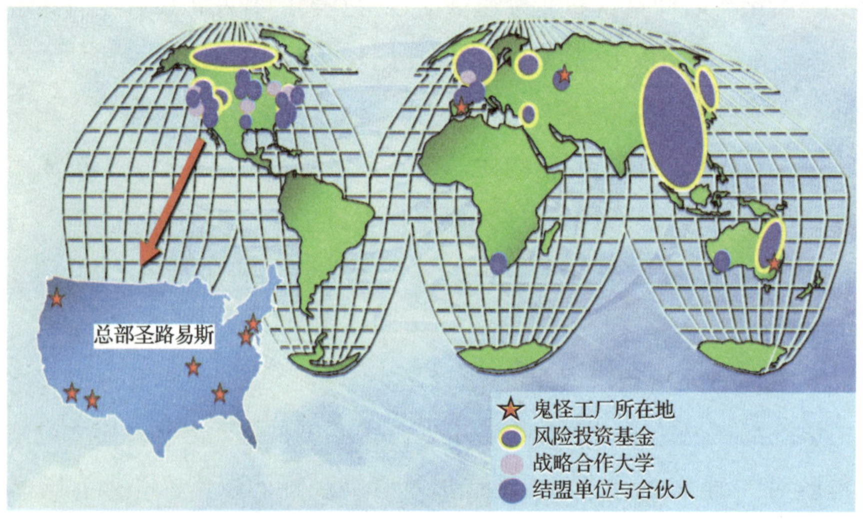


图 1—26　鬼怪工厂在全球范围内的投资与合作

# 第 2 章 鬼怪工厂的主要成就

自 20 世纪 50 年代末伊始，鬼怪工厂便成为全世界优秀人才的聚集地之一，一大批来自世界各地、各行业的技术专家汇聚于此，源源不断地为麦道公司以及后来的波音公司提供着独特的概念和创新的技术。据不完全统计，鬼怪工厂先后参与的产品研发项目有 500 多个，尚不包括其研发的大量未知的“黑色项目”。在美国目前三大空天飞行器（X−37B、X−51A、HTV−2）计划中，鬼怪工厂负责研发的就有两个，即 X−37B 和 X−51A，其雄厚实力可见一斑。鬼怪工厂在世界航空航天舞台上发挥着无可替代的作用，其创新的思维模式和设计理念、高效的作业流程、令人满意的各类产品都给人留下了深刻的印象。

基于已公开的资料，本章将具体介绍鬼怪工厂不同时期的部分重要产品，以期透过产品更加形象地展示鬼怪工厂的主要成就，从而加深对这一世界著名航空航天快速研发机构的认识。

## 2.1 “鬼怪”Ⅱ F−4 战斗机

“鬼怪”Ⅱ（Phantom Ⅱ）F−4 飞机是麦道公司为海军研制的双座双发舰载重型防空战斗机，后来也被美国空军大量采用。“鬼怪”Ⅱ F−4 飞机于 1956 年开始设计，1958 年 5 月第一架原型机试飞，生产型则于 1961 年 10 月开始正式交付海军使用。1963 年 11 月开始进入空军服役。“鬼怪”Ⅱ F−4 飞机是美军第一种真正具备全天候作战能力且大量装备部队使用的多用途战斗机，是美国第三代战斗机的典型代表，具备当时各国空军追捧的“多用途”特性，设计与使用上强调兼顾空战性能与对地攻击能力，是美国空海军20世纪60～70年代的通用主力战斗机。

“鬼怪”Ⅱ F-4飞机拥有很多个“第一”，如第一种不装航炮的美国海军战斗机；第一种不依赖地面指挥就能使用机载雷达对搜索范围内的目标进行识别、拦截和摧毁的战斗机；美国空军购买的第一种海军型飞机；第一种被美国海军“蓝天使”和美国空军“雷鸟”飞行表演队同时采用的飞机；还是第一种具有计算机控制可调进气道以获取最佳气流的战斗机，同时也被誉为美军装备的第一种真正具备夜间作战能力的战斗机。

## 2.1.1 研制背景

1952年，麦克唐纳飞机公司首席执行官詹姆斯·麦克唐纳指派首席空气动力学家戴维·刘易斯（Dave Lewis）出任早期研发部经理，他们经过分析后认为海军将需要一种全新的机种——战斗攻击机。1953年起，麦克唐纳飞机公司开始修改F3H“魔鬼”舰载战斗机的设计，以期获得更大的载弹量和更好的性能。1953年12月19日，麦克唐纳飞机公司向美国海军提出了“超魔鬼”战斗机方案。海军要求麦克唐纳飞机公司将他们的设计修改为一种全天候战斗轰炸机，配备11个武器外挂点。1954年10月18日，麦克唐纳飞机公司收到了制造两架YAH-1原型机的意向书，这就是YF4H-1原型机，于1958年5月27日由麦克唐纳公司试飞员R.C.李特尔（Robert C.Little）驾驶YF4H-1（编号142259）完成了首次试飞（见图2-1）。当时，YF4H-1与XF8U-3“十字军”Ⅲ的竞争也是如火如荼。1958年12月17日，美国海军宣布YF4H-1获胜，主要考虑到它的双座设计有利于减轻飞行员的负担。1959年，F4H-1被正式命名为“鬼怪”Ⅱ。1960年2月15日，该机在美国海军独立号航空母舰上完成了第一次舰上起降。

图 2-1 1958 年 5 月 27 日 YF4H-1 首飞，可以看到起飞中的飞机前缘襟翼处于最大角度

### 2.1.2 技术性能

“鬼怪”Ⅱ F-4 飞机是 20 世纪 60 年代麦道公司通过其专门机构“鬼怪工厂”组织和生产的第一型战斗机，属于典型的第三代喷气式战斗机。这代飞机的最大速度达 *Ma*2 左右，有的甚至达 *Ma*3 ；机载电子设备和武器系统的性能均有较大提高；重视对地攻击能力；“重型化”倾向明显。“鬼怪”Ⅱ F-4 飞机强调“同时兼顾空战和对地攻击”的设计思想，其基本性能（2 倍马赫数极速、大航程、大载弹量）一直影响到美国的下一代战斗机。

“鬼怪”Ⅱ F-4 飞机外形奇特，采用外翼上反、带犬齿前缘、大根梢比、小展弦比的后掠式低单翼，机头为大型雷达罩，垂尾与下反的平尾之间形成 120° 的夹角；同时采用了两侧进气的气动布局，以及带边界层控制板的侧面进气口。发动机为两台通用电气公司制造的 J79-GB-17 涡喷发动机，单台最大推力为 5385kgf[①]，加力推力为 8120kgf，这使得“鬼怪”Ⅱ F-4 飞机在空战中呈现出明显的推力优势，可使得一个技术优良的飞行员能够自由地加入和退出空战。“鬼怪”Ⅱ F-4 飞机的缺点则是大迎角机动性能欠佳，高空和超低空性能略差，起降时对跑道要求较高。其主要技术与性能参数见表 2-1。

① 1kgf=9.806N。

表 2-1　F-4 主要技术性能参数

| 型别 | 战斗机、攻击机 |
| --- | --- |
| 翼展 /ft | 38.5 |
| 机翼面积 /$ft^2$ | 530 |
| 机长 /ft | 58.3 |
| 机高 /ft | 16.6 |
| 空重 /kg | 13757 |
| 最大重量 /kg | 28030 |
| 最大速度 / （mile①/h） | 1485 |
| 使用升限 /ft | 56100 |
| 爬升率 / （ft/s） | 688.3 |
| 最大航程 /km | 2600（带 3 个副油箱） |
| 武器 | 9 个外挂点，最大载弹量 8480kg |
| 动力装置 | 2 台通用电气 J79-GE-17A 轴流式<br>涡喷发动机（2×17900lb②） |

“鬼怪” II F-4 飞机几经发展，衍生出了众多型号，共生产了 5195 架，是继 F-86“佩刀”（Sabre）后产量最大的西方战斗机，曾服役于 13 个国家的空军，执行过广泛的军事任务。它曾参加过越南战争（1965 ~ 1973 年间）、中东战争（1970 ~ 1980 年间）和波斯湾战争（1990 年），赢得过至少 320 次空战的胜利。在越南战争中，初出茅庐的“鬼怪” II F-4 飞机拉开了空战的序幕。它们自始至终参与了整个战争的全过程，执行了更多任务，生存性超过所有其他固定翼飞机，因其击落了大量的“米格”战斗机，还被封绰号“世界领先的米格战机部件经销商”（World's Leading Distributor of MiG Parts）。“鬼怪” II F-4 飞机在实战中取得了辉煌的战果，占据了世界战斗机发展史上一个极为重要的位置，被誉为“世界上最伟大的喷气式飞机”。

王牌试飞员们更是将“鬼怪” II F-4 飞机飞到极致，创造了至少 25 项性能的世界纪录（见表 2-2、图 2-2）。作为航空史上的一款经典战机，“鬼怪” II F-4 飞机成为了衡量所有第三代战斗机的标杆。

---

① 1mile=1.609km。

② 1lb=0.454kg。

图 2–2　亨廷顿・哈迪斯戴上尉与厄尔・艾奇上尉驾驶编号为 145307 的“鬼怪”Ⅱ战机创下 3km 起落航线速度纪录

表 2–2　F4H–1“鬼怪”Ⅱ速度／高度纪录（F–4 初期也称 F4H–1）

| 高度纪录 | 速度纪录（3km／约 1.9mile，起落航线） |
| --- | --- |
| 1959 年 12 月 6 日<br>加利福尼亚州爱德华兹空军基地<br>劳伦斯・福林特中校<br>F4H–1“鬼怪”Ⅱ（编号 142260）<br>98560ft | 1961 年 8 月 28 日<br>加利福尼亚州爱德华兹空军基地<br>亨廷顿・哈迪斯戴上尉、厄尔・艾奇上尉<br>F4H–1“鬼怪”Ⅱ（编号 145307）<br>902.769 mile/h（1452.826km/h） |
| **速度纪录（500km／约 311mile，起落航线）**<br>1960 年 9 月 5 日<br>加利福尼亚州爱德华兹空军基地<br>托马斯・米勒中校（海军陆战队）<br>F4H–1“鬼怪”Ⅱ（编号 145311）<br>1216.78mile/h（1958.16km/h） | **速度纪录（绝对）**<br>1961 年 12 月 22 日<br>加利福尼亚州爱德华兹空军基地<br>罗伯特・罗宾逊中校（海军陆战队）<br>F4H–1“鬼怪”Ⅱ（编号 142260）<br>1606.342 mile/h（2585.086km/h） |
| **速度纪录（100km／约 62mile，起落航线）**<br>1960 年 9 月 25 日<br>加利福尼亚州爱德华兹空军基地<br>约翰・戴维斯中校<br>F4H–1“鬼怪”Ⅱ<br>1390.21mile/h（2237.26km/h） | **高度纪录（持续飞行）**<br>1961 年 12 月 5 日<br>马里兰州帕塔克森特河<br>乔治・艾利斯中校<br>F4H–1“鬼怪”Ⅱ<br>66443.8ft |

续表 2-2

| 项目爬高纪录（爬升时间纪录） | | | | |
|---|---|---|---|---|
| 高度 /ft | 日期 | 飞行员 | 时间 /s | 原纪录 /s |
| 在缅因州不伦瑞克海军航空试验站 | | | | |
| 9843 | 1962-02-21 | 杨少校 | 34.523 | 35.624 |
| 19685 | 1962-02-21 | 朗顿中校 | 48.787 | 51.429 |
| 29528 | 1962-03-01 | 麦格罗中校 | 61.629 | 64.760 |
| 39370 | 1962-03-01 | 麦格罗中校 | 77.156 | 95.740 |
| 49213 | 1962-03-01 | 诺德伯格少校 | 114.548 | 131.100 |
| 65617 | 1962-03-31 | 布朗少校 | 178.500 | 222.990 |
| 在加利福尼亚州穆古角海军航空试验站 | | | | |
| 82021 | 1962-04-03 | 杨少校 | 230.440 | 266.030 |
| 98425 | 1962-04-12 | 诺德伯格少校 | 371.430 | 904.920 |

## 2.2 “捕食鸟”（Bird of Prey）隐身技术验证机

“捕食鸟”（见图 2-3）是鬼怪工厂秘密研制的隐身技术验证机。当时的

图 2-3 “捕食鸟”隐身技术验证机

麦道公司为了改变自身在隐身技术上的落后局面，赋予鬼怪工厂重任，开始了“捕食鸟”验证项目的研制工作。从 1992 年计划启动一直到 1999 年，这期间都遮掩在秘密的幕布之下，成为美军“黑色项目”之一，直到 2002 年 10 月达到工业标准后方才公之于众。该机的成功研制，标志着美国军用航空技术的又一次飞跃性进步。

### 2.2.1 研制历程

20 世纪 80 年代，由于麦道公司低估了隐身技术在军用飞机领域内的重要性，因此在隐身技术研究方面相对落后，在与其他竞争对手，如洛克希德公司、诺斯罗普公司的较量中均处于下风。当时洛克希德公司的 F-117A 隐身战斗机已于 1981 年首飞，诺斯罗普公司正在研制 B-2 隐身轰炸机，而在 ATF 方案竞争中麦道公司又不敌洛克希德公司和诺斯罗普公司。因此，为了重获竞争力，麦道公司决定通过其研发机构鬼怪工厂专门研究隐身技术和其他生产工艺技术。

与此同时，20 世纪 90 年代初，随着军备发展预算的日益增加，美国国防部渐感经费捉襟见肘，而冷战的结束促使 NASA 和美国空军极力主张航空航天武器研制应朝着更快、更好、更便宜的目标发展，因此高性能和低成本成为了新一代军用飞机的发展方向。了解到新出台的军用飞机研制和生产审查标准后，1992 年，即麦道与诺斯罗普联合研制的 YF-23 失败后不久，麦道公司便及时启动了“捕食鸟”隐身验证机项目，将全面隐身、高机动性和精益制造作为发展重点。“捕食鸟”的命名，据说来自设计人员当时观看电视剧《星际旅行》得到的启发，他们设计的背部进气道和机翼形状模仿了剧中飞船的部分特征，使该机从外形上看就像一只伺机捕食的鹰隼，故取名“捕食鸟”。

在美国内华达州内利斯靶场北部，有一个被称为“51 号地区”的秘密试飞中心。1996 年秋，“捕食鸟”验证机在这里成功首飞。1997 年，波音公司兼并了麦道公司，仍继续投入资金支持该项目的研究。到 1999 年，“捕食鸟”在该试验区的格罗姆干湖上空进行了 38 次秘密飞行试验，圆满完成了试飞任务。参加该项目的试飞员有波音公司首席试飞员鲁迪・豪戈（Rudy Haug）、

乔·费洛克（Joe Felock）和空军试飞员多戈·本杰明（Doug Benjamin）。从1992年到1999年，为了达到计划提出的全部目标，麦道公司与波音公司先后投资了6700万美元。但是最终“捕食鸟”没有批量生产，唯一的验证机无偿捐赠给了位于俄亥俄州代顿市的美国空军博物馆，永久供游人参观（见图2-4）。

图2-4　存放在美国空军博物馆的“捕食鸟”

### 2.2.2　设计特点与结构性能参数

（1）设计特点

增强飞机低可探测性的设计目标，在“捕食鸟”身上得到了完美的体现。该机采用无尾设计，扁平的升力体机身结合海鸥形机翼（见图2-5），较好地解决了气动、控制和隐身之间的矛盾。该机机头锋利如鹰嘴，尾部喷口扁平如鸭嘴，可最大限度地降低雷达反射信号。座舱底部采用了相平行的直线边缘，能有选择地反射雷达信号。从该机正面看，低剖面座舱盖遮挡住了通常成为雷达反射热点的整个进气道，机头和机翼大胆地采用65°后掠角可以将任何入射信号反射到远离雷达接收机的方向。从侧面看，下垂的翼尖比常规

垂尾更加隐身，满足总体设计成尖锐棱角的要求。海鸥形机翼分为内、外两段，内段为大上反角，外段为大下反角，这样设计可减小 RCS，大幅增强隐身性能。

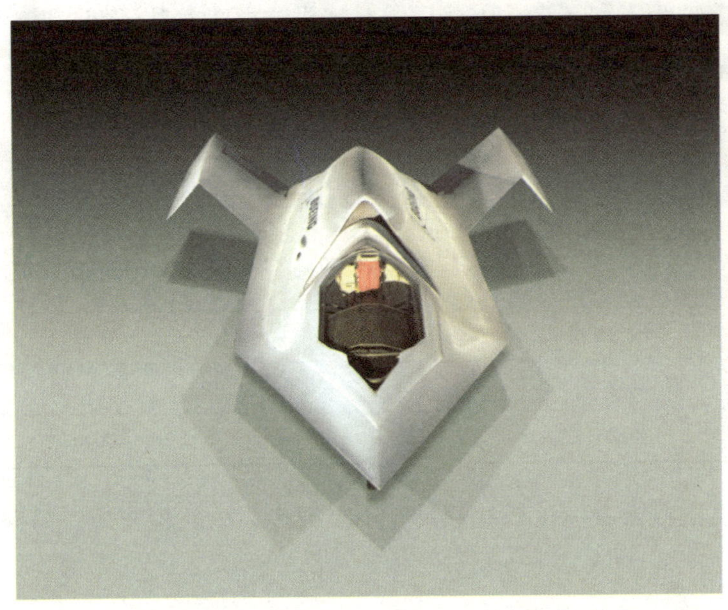

图 2–5 “捕食鸟”拥有锋利的机头、扁平的机身和海鸥形机翼

进气道采用有利于隐身的背负式，倒 V 形进气口位于机身上方，凸起的“驼峰”鼓包在确保空气直接进入的情况下，可有效遮挡压气机叶片。进气道内壁还涂有褐色吸波材料，可进一步减弱雷达波反射强度。

“捕食鸟”选用的是碳纤维复合材料，并且采用翼身融合结构，飞机表面接缝减少，也明显降低了 RCS。

“捕食鸟”的动力装置为 1 台普·惠公司的 JT15D–5C 高涵道比涡扇发动机，排气温度较低。其圆形喷管后接扁平“鸭嘴式”喷口，不仅增大了冷却面积，而且有效遮挡了向下的红外辐射，从而大大减弱了燃气排出时的红外信号特征。

“捕食鸟”还采用了类似变色龙特性的视觉隐身技术，也运用了声学方面的隐身研究成果，因此可在昼间执行任务，而美军的 F–117A、B–2 隐身飞机却只能在夜间发挥隐身优势。即使 F–22 在白天亦不能视觉隐身，不过它能凭借速度和高度的优势躲避 F-117A 和 B-2 所面临的威胁。

(2) 结构性能参数

由于“捕食鸟”验证机属于“黑色项目”，美国空军和波音公司对其信息的透露都非常小气和吝啬，因此目前对该机的性能参数还知之甚少，以下仅列出几个参数供参考（表 2-3）。

表 2-3 “捕食鸟”结构性能参数

| 机长 /ft | 47 |
| --- | --- |
| 翼展 /ft | 23 |
| 机高 /ft | 9.25 |
| 起飞重量 /kg | 3356 |
| 最大速度 / (mile/h) | 300 |
| 使用升限 /ft | 20000 |

从起飞重量来看，该机载油量应不是很多，故航程较短。另据试飞员介绍，“捕食鸟”的起飞是“常规的、慢动作的”。

## 2.2.3 重要意义

2002 年 10 月 18 日，波音公司在位于圣路易斯的鬼怪工厂总部举行了“捕食鸟”的揭幕仪式。在揭幕仪式上，美国空军参谋长 J.P. 江珀（John P. Jumper）上将、空军部长詹姆斯・罗奇（James Roche）等高层官员高度评价了该机在设计、研制和生产方面所取得的成果，特别是在试飞中验证了许多减小 RCS 的新概念，这对军用航空技术的发展具有非常重要的意义。据波音公司综合防御系统部介绍，该公司在研制 X-45A 无人战斗机时，就吸取了“捕食鸟”的研制经验和许多先进技术。

鬼怪工厂除了用“捕食鸟”验证多种低可探测技术外，还验证了如何高效率、低成本地制造原型机。通过该项目，鬼怪工厂获得了许多开创性的设计方法和生产工艺，并都已及时地应用于其他战机的生产中，其中最显著的成果包括三维虚拟实体设计和装配，采用低成本通用工具和应用复合材料等。

## 2.3 X–36 无尾技术验证机

X 系列技术验证机可谓是鬼怪工厂最重要的研究领域之一。鬼怪工厂在这一领域的研究始于 1994 年的 X–36 无尾技术验证机（见图 2–6）。X–36 由麦道公司制造，是 NASA 阿姆斯研究中心和麦道公司鬼怪工厂之间的一个合作研究与演示验证项目，目的是合作开发一架 28% 缩比遥控试验飞机，以演示验证采用隐身设计的无尾战斗机的可行性和敏捷性。X–36 是一个非常成功的演示验证项目，它在试验中获取的数据将能极大提升未来战斗机的空战操控性和生存能力，它所验证的许多技术与设备都在后来的飞机上得以应用。

图 2–6　外表不同寻常的 X–36

### 2.3.1 研制历程

20 世纪 80 年代中期，NASA 阿姆斯研究中心开始对低可探测战斗机进行研究，目的是为国防部投资的生产型战斗机提供低可探测基准设计方案。NASA 与一些承包商组成研究团队，其中就包括麦道公司鬼怪工厂，它也因此取得了一些重要的设计和技术突破。到 1989 年，鬼怪工厂的工作成果使其与 NASA 形成了更紧密的合作关系。在接下来的 5 年中（从 1989 年 2 月到 1994 年），该项目的研究重点更加突出了，最终鬼怪工厂认定进一步探索最快

和最经济的方式是研制和试飞一架小尺寸样机。

由于与麦道公司共同工作的结果，NASA 在 1994 年中决定为 X−36 投资，最初的目的是研制一架 28% 缩比无人试验飞行器以测试无平尾和垂尾飞机的隐身特性。首架飞机的制造从 1995 年 6 月开始，并于 1996 年 3 月 19 日进行了公开展示。1997 年 5 月，X−36 在爱德华兹空军基地顺利首飞。X−36 的飞行试验共分为 3 个阶段：第一阶段的主要工作是测试飞机的控制软件、地面站性能、数据系统性能及进行大气数据校准；第二阶段的飞行试验主要进行低过载和高过载机动；第三阶段试飞主要演示验证 X−36 如何能在低速和大迎角条件下完成机动动作。图 2−7 为 X−36A 在爱德华兹空军基地进行试飞。

图 2−7　X−36A 在爱德华兹空军基地进行试飞

1997 年 11 月，X−36 完成了最后一次试飞。此后，位于俄亥俄州莱特－帕特森空军基地的美国空军研究实验室（Air Force Research Laboratory，AFRL）与波音公司（此时麦道公司已并入波音公司）签约，试飞该实验室开

发的无尾战斗机可重构控制软件（RESTORE），验证其神经网络算法补偿飞行中伺服机构（如襟翼、副翼和方向舵等）损伤或失效的能力。1998 年 12 月进行了两次 RESTORE 试验飞行，证实了该软件的可行性。

## 2.3.2 结构、系统与设备

X–36 采用了非常规的无垂尾鸭式布局，机体结构为常规铝合金机体，加温固化石墨复合材料蒙皮。X–36 采用三点式起落架，可完全回收到狭小的机身起落架舱内，各起落架部件都相互独立，并有独立的舱门。在“座舱”后有一个“先锋”回收伞，用于应急回收，该应急回收伞系统可在水平姿态以最大 14ft/s 的下沉率（与起落架设计指标一致）让飞机安全着陆。

X–36 有 6 个后缘舵面和 2 个前缘襟翼，翼尖阻力方向舵在气动上起了垂直气动面的作用。飞机加装有前翼以克服大迎角情况下缺乏低头力矩的问题。机翼的厚弦比为 7%，前缘和后缘后掠角均为 40°，此外，还有 2.5° 的翼尖扭转以防止翼尖失速并且补偿前翼的下洗。各机翼有 4 个操纵面，翼尖有 2 个分裂式副翼，它们都有独立的上下操纵面，可同时作为阻力方向舵和副翼使用。分裂式副翼分为内舷和外舷两部分，以限制作动器载荷并互为余度。

X–36 采用了先进的单通道数字电传操纵飞行控制系统，过载限制为 5，

图 2–8 X–36 不同寻常的外形是特殊的机动性和低可探测性要求的产物，各边缘的尖角化有助于减少 RCS

由移动厢式测控车进行遥控，主要借助装在前机身的摄像头和地面操纵系统进行操纵，其中地面操纵系统配备了座舱环境及常规操纵杆和方向舵脚蹬。通过安装在X-36机头处的摄像头（位于类似座舱的突出部位）和机载麦克风，X-36由一名飞行员在地面站的虚拟座舱内进行遥控操纵。虚拟座舱环境包括：声音、图像和平显提示；全尺寸操纵杆、方向舵脚蹬及有关的燃油系统油门，再加上手不离杆（Hands on Throttle and Stick，HOTAS）开关；此外，两台20in①大型监视器提供了图像显示，一个标准的战斗机级平显和飞行器在试验场位置移动的图像显示，为飞行员提供了良好的态势感知。这种飞行员在环的技术途径消除了对昂贵复杂的自主飞行控制系统的需求，以及这些系统因不能处理飞行中未知或未预见现象而带来的风险。

考虑到X-36的冗余系统很少，X-36共制造了两架，即如果第一架飞机坠毁，第二架将接着完成试飞计划和目标使命。由于没有平尾和垂尾，X-36比常规飞机的阻力减少10%，重量降低5%。X-36由单台威廉姆斯研究公司的F112涡扇发动机提供动力，发动机推力约700lb，进气口分为两支，进气道位于机身两侧，涵道比为0.85。

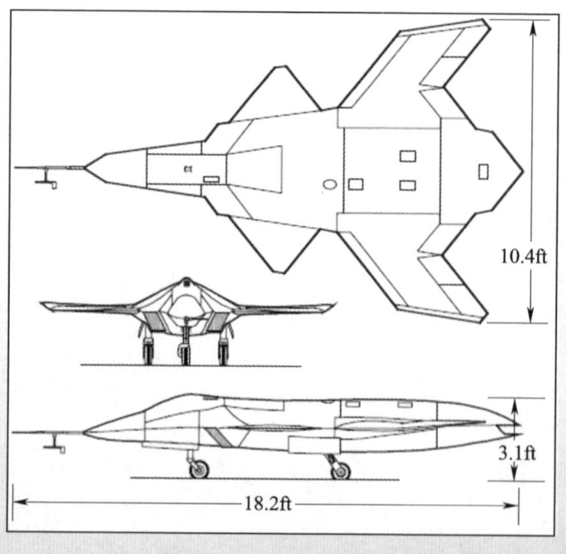


图2-9 X-36三面图

① 1in=25.4mm。

表 2-4 X-36 主要技术性能参数

| | |
|---|---|
| 翼展 /ft | 10.4 |
| 机长 /ft | 18.2（含空速管） |
| 机高 /ft | 3.1 |
| 空重 /kg | 487.4 |
| 最大重量 /kg | 560.3 |
| 最大速度 /（mile/h） | 234 |
| 最大高度 /ft | 20200 |
| 续航时间 /min | 45 |
| 动力装置 | 1 台威廉姆斯 F112 涡扇发动机（700lbf①） |

### 2.3.3 重要意义

尽管 X-36 的试飞时间较短，但它达到或超过了所有的项目目标。对于 NASA 和波音公司，它都是一个成功的合作项目。它深入研究了先进低可探测性战斗机设计方案，此外，在深奥的无人驾驶飞行领域也进行了探索。试飞证明了鬼怪工厂设计的新飞行控制系统非常成功。X-36 的软硬件、电子设备、飞行控制系统及 F112 发动机后来都在 X-50 上得到了应用。另外，该计划还验证了快速原型法的成功，第一架 X-36 飞机在签订合同后仅 28 个月就出厂了，其设计、制造和试验的时间只是全尺寸有人驾驶飞行器的一半，而费用仅是它的 1/10。

目前一架 X-36 展出于俄亥俄州代顿市的美国空军博物馆，另一架则展出于加利福尼亚州爱德华兹空军基地的空军试飞中心博物馆。

## 2.4 X-48B 翼身融合体无人验证机

2007 年 7 月 20 日，波音公司研制的 X-48B 翼身融合体无人验证机（见图 2-10）在 NASA 德莱顿飞行研究中心成功首飞。在地面操纵人员的控制下，X-48B 验证机爬升到了 7600ft 的高空，空速达到 80mile/h。飞行 31min 后，该机顺利返回，安全着陆。X-48B 验证机的首飞，标志着创新的翼身融合体概念已经步入到试飞验证的研究阶段。

① 1lbf=4.45N。

图 2-10　X-48B 翼身融合体无人验证机

## 2.4.1　研制历程

翼身融合体（Blended Wing Body，BWB）概念最早可追溯到 20 世纪 40 年代末，当时的飞机设计师诺斯罗普曾试图发展一种飞翼式客机，但当时的技术无法解决飞翼式飞机的操纵稳定性问题，故所有设计都无果而终。直到 B-2 轰炸机问世，才重新引发了设计飞翼式客机的兴趣。

1988 年，NASA 的兰利研究中心组建了一个“远距离空中运输革命”的项目研究小组，开始率先探索 BWB 概念的可行性。麦道公司根据研究小组的思想，提出了一种 BWB 布局的雏形。

20 世纪 90 年代初，NASA 与麦道公司合作对飞翼布局进行了研究。到 90 年代中期，麦道公司的鬼怪工厂提出了一种 BWB 布局的超大型客机概念，该机翼展在 260 ~ 280ft 之间，装 3 台涡扇发动机，最大起飞重量达 370t，在运送 800 名乘客或 100t 货物的情况下，航程接近 13000km。此后，NASA 在进一步优化研究中发现，采用 BWB 布局的飞机在承载 450 名乘客时具有最佳飞行效率，因此决定首先设计一款载客 450 人的 BWB 客机（BWB-450）。

1997 年，麦道公司被波音公司兼并后，BWB 研究项目正式由 NASA 与

波音共同投资和实施。到 1998 年，NASA 发起的 BWB 研究工作结束，其研究结论认为，BWB 与常规设计的波音 747–400 相比，翼展宽出 65.6ft，机长缩短 75.5ft，载客量是波音 747–400 的 2 倍，重量减轻约 7%，可以减少发动机数量。

2000 年初，波音公司开始按照 BWB 飞机的 14% 缩比尺寸设计了一种 BWB–LSV（Blended Wing Body–Low Speed Vehicle）缩比飞机，打算通过飞行试验来探索这种布局的低速稳定性、可控性和操纵特性。2001 年底，NASA 将 BWB–LSV 正式命名为 X–48A（见图 2–11）。X–48A 翼展 35ft，重量约 1135kg，采用了 3 台威廉姆斯公司的 J24–8 涡喷发动机，最大速度 161.5mile/h，飞行高度 9843ft。遗憾的是，NASA 的预算削减使 X–48A 无果而终，没有试飞。不过有关设计方案、风洞试验和飞行试验的总体计划，却为 X–48B 验证机的诞生奠定了基础。

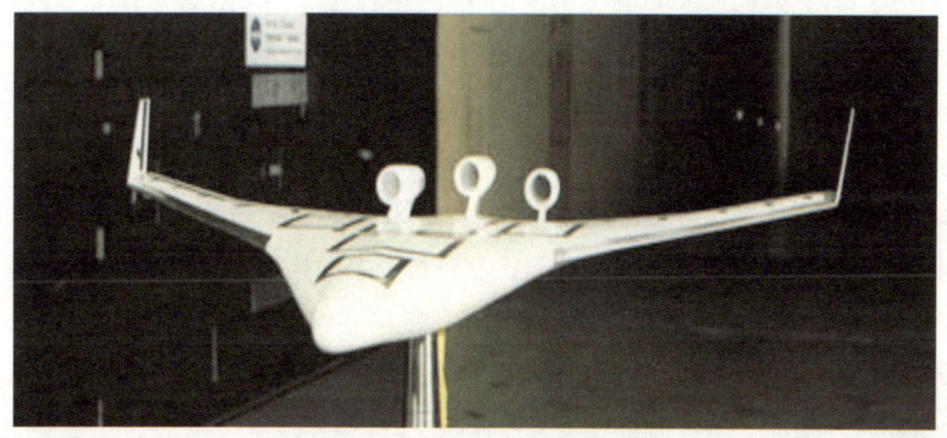

图 2–11　X–48A（3%比例风洞模型）

在 X–48A 项目终止后，波音公司仍对 BWB 布局飞机充满兴趣，于是自行投资，由鬼怪工厂继续开展相关工作，并按照 BWB–450 设计出了一种 8.5% 缩比尺寸的验证机，即 X–48B 验证机（见图 2–12）。鬼怪工厂选择英国的克兰菲尔德航宇公司来负责制造 2 架验证机，并实施地面振动试验。此外，克兰菲尔德航宇公司还负责提供地面控制车、保障设备和零部件。飞行员和飞行试验工程师将在地面控制车中对 X–48B 进行遥控。

图 2—12 X—48B 验证机（机上有“Phantom Works”标志）

2005 年 9 月，鬼怪工厂在兰利研究中心的全尺寸风洞内进行了 BWB 模型自由飞试验。2006 年 4 月 7 日 ~ 5 月 12 日，首架 X—48B（1 号机，LSV—1）在兰利研究中心的全尺寸风洞中进行了 250h 的试验，主要验证发动机和燃油系统的完整性、电池耐用性、遥测通信链、飞行控制软件以及低速和高速滑跑特性。风洞试验结束后，这架验证机被运送到 NASA 德莱顿飞行研究中心，用作担任首飞任务的第二架 X—48B（2 号机，LSV—2）的备份。2 号机已经在德莱顿安装了试验仪器，并进行了全面检测。2007 年 7 月 20 日，2 号机在德莱顿完成了首飞。X—48B 机头装有一个小型摄像机，所摄画面被实时传送到地面控制系统并与飞行参数叠加，以模拟平视显示器（Head—up Display，HUD），便于地面试飞工程师遥控。

从 2007 年 7 月到 2008 年 12 月，2 号机在德莱顿共进行了 39 次试飞（平均每次试飞持续 35min），主要探索 BWB 布局的飞行操纵性和稳定性，并研究其飞行控制律。在第一阶段的试飞中，试飞工程师对其进行了飞行包线拓展试飞，并评估了基本飞行性能。在第二阶段试飞中，X—48B 验证机将完成参数识别、失速和发动机停车等高难试飞课目。据报道，2009 年 1 月 21 日，X—48B 验证机在第 40 次试飞中首次进行了失速试飞，结果显示 X—48B 的失速临界迎角为 23°，这印证了 BWB 布局飞机的失速临界迎角要大于常规布

局飞机。

2009 年 8 月，波音和 NASA 揭开了 X-48C 无人验证机（见图 2-13）的面纱，这是 X-48 系列的最新发展型，由 X-48B 验证机的 1 号机改装而来。该机外形与 X-48B 近似，但取消了翼梢小翼，中机身明显后延，并增加了 V 形垂尾，发动机也由 3 台降为 2 台。如此改进的好处是可减少传向地面的喷气噪声，另外，也使 X-48C 的浸湿面积与阻力更小。现在这架 X-48C 验证机正在兰利研究中心进行风洞试验。当 X-48B 验证机的 2 号机完成 300h 试飞任务后，也可能被改装成 X-48C 验证机而重新投入试飞。

图 2-13　X-48C 无人验证机

## 2.4.2　设计特点与结构性能参数

（1）设计特点

X-48B 验证机是未来大型 BWB 运输机的缩比模型，其主要设计特点就体现在 BWB 布局上。BWB 布局的飞机具有一些独特优势，但也存在一些技术难点和挑战，下面将分别加以阐述。

① BWB 布局的优势

采用 BWB 布局可以获得气动、内部空间、结构、节能环保以及模块化设计等方面的优势。

- 气动优势

BWB 布局的飞机外形简洁，在机体内部容积相同的前提下，其浸湿面积比常规布局减少 1/3，因此摩擦阻力可大幅减小。BWB 布局的展弦比也较大，其诱导阻力也会低于常规布局。据 NASA 德莱顿飞行研究中心估算，BWB 布局飞机的巡航升阻比将超过 23，其气动效率比常规布局飞机有了很大提高。

- 内部空间优势

融合后的机翼／机身一体化布局内部空间很大，既可大量装载乘客和货物以降低运营成本，也可使各种机载设备实现最优化总体布置，从而减小飞机体积。尤其是可将所有武器内埋，能大大降低 RCS，进一步提高隐身性能。

- 结构优势

与常规布局飞机相比，BWB 布局飞机结构简单（见图 2–14），没有尾翼，没有机身－机翼衔接整流罩，也没有结构复杂的开缝式后退襟翼，因此部件数量减少，生产难度降低，生产周期缩短。另外，BWB 布局飞机的气动载荷和惯性载荷分布比常规布局更为合理，可显著减小机翼承受的弯矩和剪力，从而大幅降低飞机的结构重量。

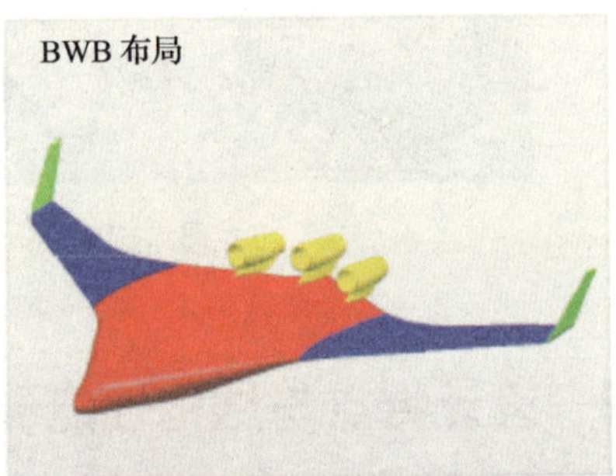


图 2–14 常规布局飞机与 BWB 布局飞机对比

- 节能环保优势

BWB 布局飞机由于气动效率高，其单位载荷推力要远小于常规布局飞机，这就意味着在运输同等载荷时，BWB 布局飞机更节能环保。另外，BWB 布局的发动机都置于中机身之上，这样发动机噪声将被宽阔的中机身屏蔽掉而不会传向地面，而且还可在后机身上设置 V 形垂尾，进一步屏蔽噪声。

- 模块化设计优势

常规布局飞机的系列化发展潜力是很有限的，通常只能在基本型基础上通过加长或缩短圆柱形机身来发展出加长型或缩短型系列，但范围很有限，一旦过度加长或缩短机身，又要面临耗时又费力的机翼重新设计和换发工作，成本上也不划算，而且圆柱形机身通常并不是提供升力的主要部件。

BWB 布局的飞机则可以通过展向加宽或压缩中机身的措施来改变飞机的运输量级（型别），因此完全可以设想通过更换中机身模块的方法来实现 BWB 飞机的系列化发展。因为中机身本身就是一个升力体，在展向加宽中机身以增加容量的同时，也增大了翼展和机翼面积，反之亦然。因此，BWB 布局飞机可以引入前所未有的模块化设计理念，其通用与半通用部件在全机结构中所占的比例将达到一个空前的水平。

② BWB 布局的技术难点和挑战

尽管采用 BWB 布局能有上面所述的诸多优势，从目前的技术发展来看，BWB 布局也将面临以下技术难点和挑战。

- 结构设计难题

常规布局飞机的机体基本上是圆柱形，压力分布均匀，容易保持密封，而 BWB 布局飞机的机体是扁圆形的，压力分布不均匀，易产生疲劳损伤，也难保持内部密封。为此，需要采用抗疲劳性较好的复合材料来制造。

为了解决 BWB 机身结构设计难题，波音公司提出了创新的“拉挤棒缝合高效组合结构”(Pultruded Rod Stitched Efficient Unitized Structure, PRSEUS）概念，它将复合材料框架和桁条缝合到蒙皮上，这种结构重量轻，成本低，承弯剪能力强，蒙皮也可以很薄。而用复合材料设计和制造这样一个非传统的机身结构，对技术人员来说将是一个很大的挑战。波音公司已经制订了一个为期 3 年的制造和测试计划，希望将 PRSEUS 复合材料结构早日应用到未来的 BWB 飞机上。

- 飞行控制的挑战

鬼怪工厂负责研制 X-48B 的全部飞行控制软件，最大的技术挑战是控制分配。由于没有尾翼，只能靠翼梢小翼上的方向舵和机体周边的多个操纵面来实现稳定和控制，因此，X-48B 采用了全翼展前缘襟翼，并在整个机体后缘设计了 20 个操纵面。由于 20 个操纵面在所有时间内都处于运动变化之中，例如滚转运动会产生不利的偏航，如何有效地控制这 20 个操纵面是首要解决的问题。尽管操控系统研制难度很大，但鬼怪工厂表示，未来的 BWB 飞机会像波音 777 客机或者 C–17 运输机一样容易操纵，无须重新培训飞行员。

- 乘坐品质和紧急疏散难题

对于 BWB 布局的客机来说，与常规客机相比，其临近窗户的座位大幅减少，无疑影响到了客舱的乘坐品质。因此，波音公司打算在座舱顶部安装大型 LED 显示屏，实时播放机舱外的景色，以改善乘客的乘坐体验。其次是加大座位尺寸和间隔距离，增加乘坐舒适性来进行补偿。另一问题是，当 BWB 客机达到 400 座时，乘客的紧急逃生将成为一个棘手的问题。对此，波音公司的解决办法是在客舱侧面、顶部、下部和后部都设置逃生门，以方便乘客紧急情况下迅速逃离飞机。

此外，由于 BWB 客机的中机身（客舱）要为飞行提供足够的升力，因此在巡航状态下，BWB 客机的机身会有一定的迎角，为了照顾乘客的舒适性（“水平飞行”的感觉），客舱相对于机身中轴线的安装角就必须为负角度，且大小等同于飞机的巡航飞行迎角。另外，BWB 客机后缘操纵面的主要功能是提供纵向配平力矩，而不是增升，因此 BWB 客机的进场着陆升力特性将不如常规客机，进场速度会比常规客机高，进场迎角也会较大。

（2）结构性能参数

X–48B 验证机是未来大型 BWB 飞机的缩比模型，其部分结构性能参数见表 2–5。

**表 2–5　X–48B 结构性能参数**

| | |
|---|---|
| 翼展 /ft | 20.35 |
| 机翼面积 /$ft^2$ | 100 |
| 重量 /kg | 227（另一说为 180） |
| 动力装置 | 3 台 P200 微型涡喷发动机，单台推力为 0.22kN |
| 最大飞行速度 /（mile/h） | 135.5 |
| 飞行高度 /ft | >9840 |
| 航程 /km | 218 |
| 续航时间 /min | 60 |

### 2.4.3 未来发展

随着 X−48B 验证机的成功首飞和进一步试飞，波音公司对 BWB 布局的研究定将走向深入，并最终促成 BWB 布局技术的尽快实用化。然而鬼怪工厂预计，从缩比验证机阶段发展到全尺寸原型机阶段将需要约 10 年时间才能解决所有的关键技术，而全尺寸原型机还得进行 4 ~ 5 年的飞行试验，然后才能转入型号研制，等到小批量生产时也是近 20 年后的事了。但有一点是确定的，BWB 技术将使飞行器相比于目前常规飞行器具有更好的结构强度、更远的航程和更经济的飞行成本，它在军事和民用领域的应用潜力十分巨大。

（1）军用运输机

BWB 布局的一个潜在应用对象是军用运输机。鬼怪工厂几年前曾公布过一种空中加油兼大型运输的 BWB 飞机想象图（见图 2−15）。该方案为一机多用，在机翼内侧和机身下部分别装有硬式加油杆，在机翼外侧还装有软式加油导管。同时，机身内部可以分为上下两层货舱，上层可装 19 个标准集装箱，下层可装 4 个。此外，还可沿机身内部和靠近外部加强肋部位，安装 40 个士兵座椅。

图 2−15　BWB 技术飞机为 X−45 机队加油的想象图

美国空军很看好BWB布局的未来军事用途，于是也加入到X-48B项目中。空军希望利用BWB技术发展出一种机动、远程和大容量的多用途军用飞机，用于执行空中加油、武器运载和指挥与控制等任务。

(2) 民用客机

BWB布局的另一个潜在应用对象就是民用客机。目前，波音公司内部对BWB布局客机的研究还存在意见分歧。鬼怪工厂对BWB布局客机的研究持激进态度，而波音公司的商用飞机部门却持保守态度。他们将BWB客机视为目前常规布局客机的一种潜在威胁，因此对BWB客机并不太支持。

但是随着NASA与波音联合研制的X-48B验证机的成功试飞，加上美国空军的支持，以及考虑到人们对民用客机越来越苛刻的环保性和经济性要求，相信BWB客机在波音公司内部最终能赢得共识，获得广泛支持，从而为BWB客机时代的到来铺平道路。

## 2.5 “鬼怪鳐”无人验证机

“鬼怪鳐”(有的翻译成“幻影雷”、“幻影射线”) 以外观酷似海洋中的生物鳐鱼而得名。2011年4月27日，波音公司鬼怪工厂研制的“鬼怪鳐”无人验证机 (见图2-16) 在位于爱德华兹空军基地的NASA德莱顿飞行研究中心完成了秘密首飞。为了保密，波音公司没有邀请任何官方人员到场，并且在完成初步试验数据分析之前也未向任何媒体发布首飞的消息，直到5月3日几位工业界官员透露了一些情况后，波音公司才正式予以承认。

“鬼怪鳐”是波音公司在无人战斗机 (Unmanned Combat Aircraft Vehicle，UCAV) 竞争失败后，自筹资金发展的项目，是波音公司力图在无人战机领域重整旗鼓、东山再起的一次尝试和努力。尽管未来充满变数，但波音公司仍对其寄予厚望。波音公司一开始参与“鬼怪鳐”项目的工程技术人员不多，由于资金有限，公司希望设计队伍尽可能精简，并允许使用非常规加工方法制造的飞机进行试验。但越来越多的分析表明，F-35联合攻击战斗机可能会成为最后一种有人驾驶的飞机，未来航空航天领域的主导者将是

图 2-16 “鬼怪鳐”无人验证机

那些抓住无人系统研发机遇的公司，包括飞行器设计、指挥控制技术以及数据传输与利用，如果现在还不立即行动，就可能被远远地抛在后面。

## 2.5.1 研制历程

(1) X-45A/B/C/N

波音公司参与无人战斗机竞争的历史，最早可以追溯到 20 世纪 90 年代末。1998 年 3 月，DARPA 与美国空军正式提出了“无人战斗机先进技术验证机”(Unmanned Combat Aircraft Vehicle Advanced Technology Demonstration，UCAV ATD）计划，波音、洛克希德·马丁、诺斯罗普·格鲁门和雷神 4 家公司参与了方案论证。1999 年 3 月，波音公司的 X-45A 方案(见图 2-17）脱颖而出，获得正式合同，由波音的鬼怪工厂负责制造两架验证机。

图 2-17 波音鬼怪工厂研制的 X-45A 无人作战飞机

2002 年 5 月 22 日，X-45A 实现首飞。在 14min 的试飞中，X-45A 的速度超过了 224mile/h，飞行高度达到了 7480ft。虽然短暂的首飞只是 UCAV 发展过程中的一小步，但却标志着未来空战模式的变革已拉开了序幕，一种新的空战平台正在来临。

2002 年初，应美国空军的要求，波音公司也开始了 X-45A 改进型 X-45B（见图 2-18）的设计，力求缩小初始验证机与实际作战系统之间的差距。与 X-45A 相比，X-45B 增大了重量和尺寸，初步具备了实际作战能力。但遗憾的是，处于设计阶段的 X-45B 最终只是昙花一现，没有进入实质性的研制阶段就被取消了，取而代之的是 X-45C。

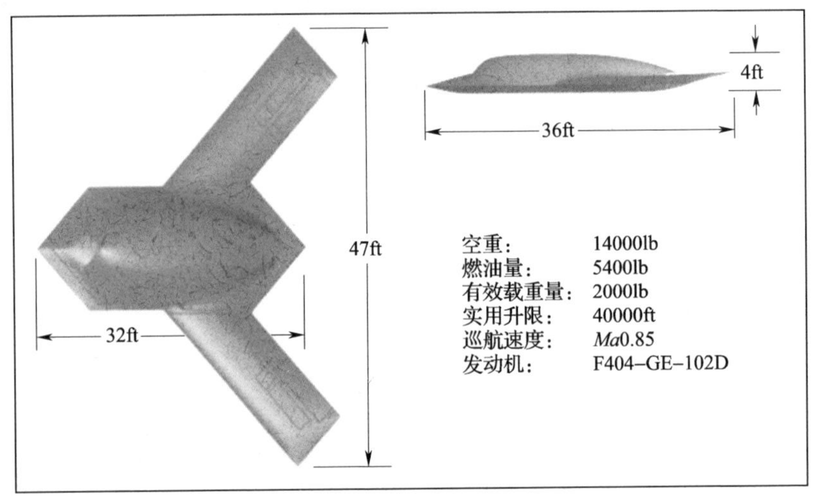


图 2-18　X-45B 构型图

2003 年 2 月 23 日，诺斯罗普·格鲁门公司也试飞了其海军型无人战斗机验证机 X-47A（见图 2-19），为了将空军和海军的无人战斗机计划（即 UCAV ATD 与 UCAV-N 计划）加以合并，设计和验证一种通用作战系统（Common Operating System，COS）和一种高度隐身、大载荷的无人作战飞机平台，DARPA 于当年 10 月启动了“联合无人空战系统”（J-UCAS）计划。为此，DARPA 要求波音公司进一步改进 X-45B 的设计，以便同时满足空军和海军的作战需求。波音公司吸纳了空军和海军的有关建议，对 X-45B 进行了改进设计，优化了气动构型，增大了总体尺寸，增加了续航时间，该

新方案被命名为 X–45C（见图 2–20）。2006 年，第一架 X–45C 验证机在范堡罗航展上亮相。

图 2–19 诺斯罗普·格鲁门公司的海军型 X–47A 验证机

图 2–20 相比 X–45A 与 X–45B，X–45C 的总体尺寸更大

然而，美国空军希望 X–45C 应重点满足压制敌防空系统的任务，而海军则需要一种能从航母上起飞的远距情报收集平台，二者间始终存在着难以弥

合的矛盾。随着 J-UCAS 计划在美国四年一度的防御审查中宣布下马，美国空军退出了 J-UCAS 计划，X-45C 研制工作也随之戛然而止，这给了波音公司当头一棒。

为了避免在 UCAV 领域陷入被动局面，波音公司又在 X-45C 的基础上提出远程无人作战舰载飞机方案 X-45N（见图 2-21），以参与海军“无人作战航空系统验证机”（Unmanned Combat Aircraft System Demonstrator，UCAS-D）计划的竞争，但最后仍不敌诺斯罗普·格鲁门的 X-47B（见图 2-22）而再次落败。至此，波音公司参与的无人战斗机竞争完全失败，在未来的 UCAV 市场上，波音公司陷入了两手空空的窘境。

图 2-21　波音 X-45N 与 X-45C 的区别是有双前轮和尾钩

图 2-22　试飞中的诺斯罗普·格鲁门 X-47B

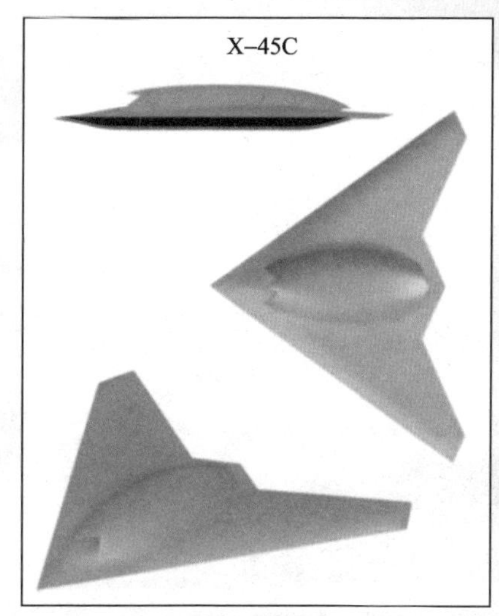


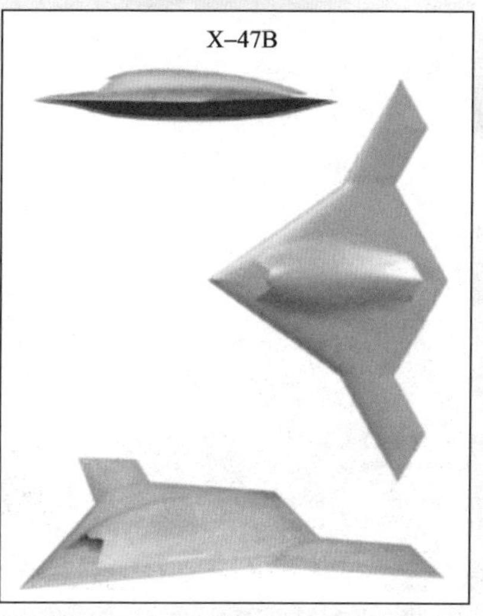


图 2–23　波音 X–45C 与诺斯罗普·格鲁门 X–47B 对比图

（2）“鬼怪鳐”

为了在未来的无人作战飞机市场上占有一席之地，波音公司再次出击，从 2007 年夏天开始自筹资金酝酿“鬼怪鳐”项目。“鬼怪鳐”很大程度上基于此前研制的 X–45C 无人作战飞机验证机，在 X–45C 气动结构的基础上发展而来。2008 年 6 月，波音公司在严格保密的情况下启动了“鬼怪鳐”项目。直到 2009 年 5 月，鬼怪工厂的副总裁达瑞尔·戴维斯（Darryl Davis）才对外透露了一些情况。该项目使得波音公司能够与其主要竞争对手——洛克希德·马丁公司和诺斯罗普·格鲁门公司并驾齐驱。

2010 年 5 月 10 日，波音公司在圣路易斯工厂举行仪式，首次揭开了“鬼怪鳐”的神秘面纱。2010 年 12 月 13 日，“鬼怪鳐”验证机“骑”在波音 747 飞机背上（见图 2–24），从密苏里州的圣路易斯升空，最后到达加利福尼亚州的爱德华兹空军基地，开始了在德莱顿飞行研究中心的高速滑行试验。

2011 年 4 月 27 日这天，爱德华兹空军基地风和日丽，“鬼怪鳐”验证机缓缓滑行至起飞线。随着操纵人员在地面站发出指令，该机开始滑行并不断加速，大约 20s 后离地升空。在空中持续飞行了约 17min 后，该机平稳着陆。首飞过程中，“鬼怪鳐”的飞行高度达到了 7513ft，速度达到了 205mile/h。一周后的 5 月 5 日，“鬼怪鳐”又完成了第二次试飞，达到了预定目标。目前，

图 2-24 搭载于波音 747 背上的“鬼怪鳐”

鬼怪工厂只有一架“鬼怪鳐”验证机投入试飞，但仍计划要验证一名人员指挥控制多架无人机的作战概念。

## 2.5.2 设计特点及结构性能参数

(1) 设计特点

从研发历程可看出，“鬼怪鳐”承袭了 X-45C 总体设计的主要特点，但并不是 X-45C 的简单复活。

“鬼怪鳐”的基本型是在 X-45 计划取消后储存在圣路易斯工厂机库中一架结构和机载系统完整的 X-45C 原型机，因此在总体设计上它承袭了 X-45C 的许多特点。“鬼怪鳐”采用的是飞翼式布局，气动阻力小，结构重量轻（省去了尾翼等部件），在装载油量一定的条件下可大大增加航程。同时，飞翼布局还具备较佳的低可探测性，这将提高飞机在未来作战中的突防能力和生存能力。“鬼怪鳐”还采用了埋入式进气道和“海狸尾”式排气口。空气通过 S 形进气道流入到机身内部。机身内部装有 1 台经过改进的 F404-GE-102D 型不加力式涡扇发动机（见图 2-25）。扁平的排气系统将发动机的尾喷管完全包

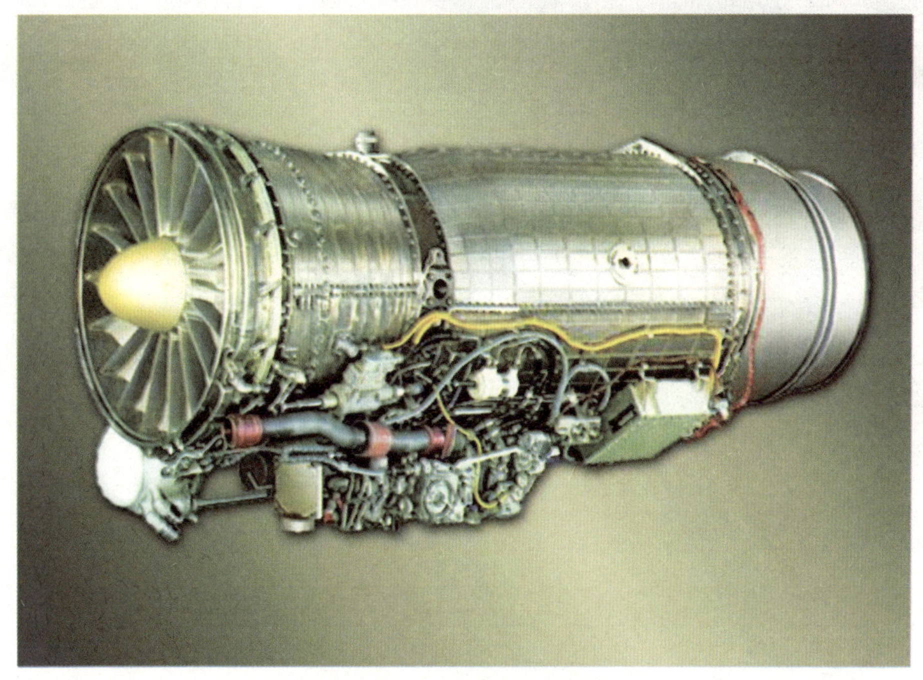

图 2-25　F404 涡扇发动机

裹在后机身内，不仅减小了雷达反射信号，也降低了红外辐射信号。

另外，“鬼怪鳐”还采用了大后掠角前缘和小后掠角后缘，从俯视方向看，很像一只三角梭镖。有报道称，该机的最大飞行速度可以超过 610mile/h，是目前飞行速度最快的无人机之一。在后缘上有副翼和襟翼，通过数字式电传飞行控制系统可以实现各控制面的耦合控制，从而保持良好的静不稳定性，可靠地自主飞行。在机翼两侧还分别设计有一个嵌入式控制板，平时关闭，飞行时略微打开，估计里面安装有一套高压增升系统，可以按指令实时控制机翼上表面的气流压力和速度，增大副翼和襟翼的操纵力矩，从而提高俯仰和滚转效率。从首飞图片上看，排气系统由多个部件组成，能够分别活动，因此“鬼怪鳐”可能已具备推力矢量，这也是外表“干净”的一个重要原因。

波音公司曾多次强调，“鬼怪鳐”并不是 X-45C 的简单复活。虽然飞机上综合了许多隐身设计技术，如飞翼隐身外形、蛇形进气道、吸波材料等，但鬼怪工厂不会像对待 X-45 那样刻意将隐身特性作为重点。波音公司将会尽可能地拓展飞机的可能应用领域，包括武装攻击、电子攻击、定向能武器攻击，情报收集、监视和侦察，信息战和网络战。此外，波音公司还认为，作为未来无人作战飞机，具有自主空中加油能力是非常重要的。在 X–45C 飞机后段左侧机翼和机身的连接处，已经留有空中加油的空间和加油管插口。另外，美国海军正在酝酿 X–47B 完成试飞后的另一个竞争项目，即寻求一种未来在航母上使用的隐身无人机。为此，波音公司将在“鬼怪鳐”的研制和试飞计划中增加更多有针对性的内容。

（2）结构性能参数

目前已知的部分技术参数如表 2–6 所示。

**表 2–6 “鬼怪鳐”结构性能参数**

| | |
|---|---|
| 机长 /ft | 36 |
| 翼展 /ft | 50 |
| 飞机总重 /kg | 16570 |
| 武器舱尺寸 /in | 168 × 27 × 17（可容纳 8 枚小直径炸弹） |
| 设计使用高度 /ft | 39700 |
| 巡航速度 | $Ma$0.8 |
| 最大飞行速度 /（mile/h） | ≥ 610 |
| 航程 /km | 无空中加油情况下，可以携带 2040kg 任务载荷往返飞行 1600km 以上 |

## 2.5.3 未来发展

波音公司欲借“鬼怪鳐”项目来开发未来无人机系统的技术，同时也展示波音公司所具备的相应实力，但该项目全凭内部投资，已经面临着巨大的资金压力，若无法获得军方的项目支持，则有可能再次夭折，或仅仅暂时作为其他一些计划的试验台而幸存下来。尽管如此，波音公司仍然看好“鬼怪鳐”的发展前景。

（1）参与空军的 MQ–X 计划竞争

美国空军目前已开始分析和论证下一代战术无人机 MQ–X 的作战需求，目标是在 2012 年选定一家承包商来研制和发展一种全新无人驾驶平台，计划在 2020 ~ 2022 年间投入使用。MQ–X 计划将完全摆脱“捕食者”的发展思

路，研制一种全新无人机。根据美国空军的无人机发展路线图，替换“捕食者”MQ-9的最早时间就在2020～2022年。现在美国空军空战司令部（Air Combat Command，ACC）正在负责制订新的要求，其中至少包括以下3个主要特性：

- 模块化特性。据透露，MQ-X平台的内部是空的，可按任务需要搭载各种载荷。因此，美国空军将来在使用MQ-X无人机时将具有极大的灵活性，不仅可以作为电子战平台，而且还可作为加油机、联合监视目标跟踪雷达系统甚至轰炸机使用。
- 生存力特性。随着防空技术的进步，未来的空域将越来越不安全，因此未来的无人机应该具备较高的生存能力，即低可探测性应是MQ-X平台的关键。
- 自主性特性。美国空军希望在MQ-X被敌人搜索到并切断了与操作人员的联系后，还能继续完成任务并返回基地。

针对美国空军的要求，洛克希德·马丁公司、雷神公司和通用原子公司都相继提出了各自的竞争方案。其中洛克希德·马丁公司的方案具有隐身能力，采用混合动力，机翼可以根据任务需要而更换；雷神公司的方案采用传统机身，后掠翼，倾斜双垂尾，背负式发动机；通用原子公司则准备利用“海上复仇者”无人机（Sea Avenger，见图2-26）参与竞争。然而美国空军在经过初步评估后认为，这些方案的性能范围都过于狭窄，缺乏适应各种任务的灵活性。相比之下，波音公司若能通过“鬼怪鳐”验证机来突破模块化和自主性等关键技术，那么将有可能在MQ-X计划中占得先机。

图2-26 通用原子公司“海上复仇者”舰载无人机想象图

（2）作为海军 UCLASS 计划的“起点”之一

值得注意的是，“鬼怪鳐”验证机也可被看做是美国海军舰载无人驾驶监视与打击系统（Unmanned Carrier-launched Airborne Surveillance and Strike，UCLASS）计划的“起点”之一。美国海军希望能在 2018 年前将 UCLASS 部署到航母上，因此将采用投标的方式来确定一家承包商。这对波音公司来说是一个契机，可以用“鬼怪鳐”来验证 UCLASS 所需的一些关键技术。2011 年 6 月下旬，美国海军已将几笔各价值 50 万美元的研究合同授予了 4 家公司，让它们向海军演示 UCLASS 的飞机概念。这 4 家公司提出的飞机方案分别是：通用原子公司的“海上复仇者”、洛克希德·马丁公司的 RQ-170“哨兵”（Sentinel，见图 2-27）改型、诺斯罗普·格鲁门公司的 X-47B 和波音公司的“鬼怪鳐”。

图 2-27 RQ-170“哨兵”隐身无人侦察机

不过“鬼怪鳐”在设计上并未考虑舰载起降，而且还须完成自主空中加油验证试飞，要想获得海军重视，仍然任重道远。

（3）作为下一代轰炸机的候选方案之一

波音公司表示，将“鬼怪鳐”的尺寸相应放大后，其航程可以增加 1 倍，这种设计有可能成为美国空军未来远程打击需求的候选方案之一，因此公司有信心成为下一代轰炸机(Next Generation Bomber,NGB）计划的主承包商。目前正在计划研制的新型战略轰炸机将采用可选有人驾驶方式，美国空军希望每架轰炸机的造价不要超出 5 亿美元太多。2009 年，美国国防部部长盖茨认为空军还没有做好准备，NGB 计划曾经一度终止。

展望未来，波音公司对“鬼怪鳐”验证机寄予了厚望，负责该项目的经理克雷格·布朗（Craig Brown）乐观地表示：“尽管新一代无人驾驶作战系统的门槛正在逐步提高，但我渴望尽早看到需要跨过多高的门槛。”

## 2.6 X-37B轨道试验飞行器

2010年4月23日北京时间7时52分（美国东部时间4月22日19时52分），由波音公司鬼怪工厂研制的“轨道试验飞行器”X-37B（OTV-1）在佛罗里达州卡纳维拉尔角航天发射场由“宇宙神”V运载火箭发射升空。8时11分，X-37B进入了预定轨道。在环绕地球飞行了约7个月之后，于2010年12月3日（当地时间）返回，降落在洛杉矶市西北部的范登堡空军基地（见图2-28）。美国空军第30空间联队指挥官理查德·博尔茨说道：“无论对于范登堡空军基地，还是美国空军，乃至整个国家而言，这都是一次历史性的成功，它标志着美国在无人驾驶太空飞行器研发方面又迈出了一大步。”

图2-28　首飞后降落在范登堡空军基地的X-37B

### 2.6.1 研制历程

（1）SMV计划与X-40A

1996年10月，美国空军与波音公司签订了研制“空间机动飞行器”

(Space Maneuver Vehicle, SMV）验证机的合同，这是一个经费530万美元为期一年的项目。按照空军的设想，SMV应该是一种可以由航天飞机运载并在太空释放的可回收式无人飞行器。完成太空任务后，它可以按程序设定再入大气层，并以无动力滑翔方式在预定跑道上着陆。其主要任务是执行侦察或在太空释放小卫星。与此对应的一个计划是“空间作战飞行器”(Space Operations Vehicle, SOV）计划，演变自“军用航天飞机”(Military Spaceplane, MSP）计划（1998年被克林顿总统否决)，但技术难度较大。

波音公司完成的第一架SMV样机被称为综合技术试验平台（Integrated Technology Test Bed, ITTB)，为90%缩比试验样机。1997年，ITTB被正式命名为X-40A（见图2-29，全尺寸的SMV后来被命名为X-40B)，但之后不久又改回了ITTB名称。1998年8月11日，X-40A在新墨西哥州的霍洛曼空军基地由一架UH-60“黑鹰”直升机吊运至8990ft高空投放，成功滑翔并着陆。

图2-29 X-40A到达NASA德莱顿飞行研究中心

(2) Future–X 计划与 X–37A

1996 年，NASA 提出了一项名为“Future–X”的研究计划，用以探索未来可重复使用航天发射器（Reusable Launch Vehicle，RLV）的相关技术。Future–X 计划发展的验证机有两大系列，分别为“探路者”（Path Finder）和“开拓者”（Trail Blazer）。“开拓者”属于技术较复杂、难度也较大的计划。1996 年底，Future–X 被正式命名为 X–37（实际对应的是“探路者”）。1999 年 7 月 7 日，NASA 与波音鬼怪工厂签订了 X–37A 制造合同，拟研制两种验证飞行器，即“进场与着陆试验飞行器”（Approach and Landing Test Vehicle，ALTV）和“轨道试验飞行器”（Orbital Test Vehicle，OTV），这标志着 X–37 项目的正式启动。1999 年 8 月 1 日，空军加入 X–37 计划，并将 X–40A 计划与 X–37 计划合并。合并后的 X–37 与 X–40A 外形相似，但比 X–40A 大 20%。2000 年 5 月 19 日，空军将 X–40A 交与 NASA，用于地面试验和空中投放试验，以降低 X–37A（ALTV）的测试风险。

2001 年 3 月 14 日，X–40A 在爱德华兹空军基地再次空投试验成功，载机为 CH–47“支奴干”直升机。到 2001 年 5 月 19 日第七次空投试验结束，X–40A 完成了为 X–37A（ALTV）空投铺路的使命。

按照 NASA 的原定计划，X–37A（ALTV）应在 2002 年初开始飞行测试，且由航天飞机携带释放。然而就在 2001 年，空军却因预算问题而退出了 X–37 计划，也停止了经费提供，于是 NASA 不得不调整计划，将 ALTV 的首飞时间推迟到了 2004 年，而将 OTV 的首飞时间推迟到 2006 年。2003 年，美国“哥伦比亚”号航天飞机失事，NASA 态度趋于谨慎，告诉波音公司要减少飞行器在轨载荷，并再次推迟计划。

2004 年，小布什政府提出了“空间探索新构想”后，NASA 将重点转向了重返月球的“星座”计划，并于 9 月 13 日将 X–37 计划移交给 DARPA，从此，X–37 计划成为了军方的机密项目。2005 年 6 月 21 日，X–37A（ALTV）首次由比例复合材料公司的“白骑士”飞机携带升空，做了挂载飞行（见图 2–30）。2006 年 4 月 7 日，X–37A（ALTV）进行了首次无动力投放自由滑翔飞行，但着陆时冲出了跑道，机头受损。同年 8 月 18 日和 9 月 26 日又各

图 2—30　X—37A 由“白骑士”飞机携带进行挂载飞行

投一次，其中至少有一次实现了成功着陆。

（3）X—37B 及其试验

2006 年 11 月 17 日，空军又重新加入了 X—37 计划，并出资在 X—37A（ALTV）基础上发展了 X—37A（OTV），即 X—37B（见图 2—31）。X—37B 由美国空军快速反应能力办公室（Air Force Rapid Capabilities Office，AFRCO）主导，波音公司仍然作为主承包商。与此同时，X—37 方案也几经修改，比如发射方式由原来的航天飞机释放入轨改为由运载火箭发射入轨。在运载火箭的选择上也几经反复，从最初的德尔塔Ⅱ变为“宇宙神”V。

图 2—31　轨道试验飞行器 X—37B

2010 年 4 月 22 日（当地时间），首架 X−37B（OTV−1）在佛罗里达州卡纳维拉尔角发射升空，顺利进入了环绕地球的轨道。经过约 7 个月的在轨测试飞行，于 2010 年 12 月 3 日（当地时间）成功返回了地面。对于该飞行器的试验细节和真实用途，美军至今仍视为秘密，很少向媒体透露。2011 年 3 月 5 日，第二架 X−37B（OTV−2）也顺利升空，其太空之旅依旧神秘莫测。

## 2.6.2 设计特点及结构性能参数

（1）设计特点

①外形与航天飞机接近

从总体外观上看，X−37B 比较保守，与航天飞机（见图 2−32）的外形接近，而不是像 X−33（见图 2−33）那样的升力体飞行器。不过 X−37B 的尾翼和航天飞机是不一样的，它采用了 V 形尾翼（见图 2−34）。这种尾翼带来 3 个好处：一是使整机高度降低，便于整机装入火箭整流罩；二是改善了再入机动能力，尤其是“水平”机动能力，而此前航天飞机糟糕的滑翔性能曾广受批评；三是为后机身上方必要时增加一块减速板预留了空间。

图 2−32 “哥伦比亚”号航天飞机

图 2—33　X—33RLV 技术验证飞行器

图 2—34　发射前整流罩里的 X—37B，其外形酷似航天飞机，不同的是采用了 V 形尾翼

②在轨时间长

对航天飞机来说，其主要电源来自燃料电池，因此航天飞机的持续在轨时间较短，如果不与国际空间站对接的话，最大在轨时间也就16天左右，而X–37B拥有巨大的太阳能电池阵，与高性能锂电池相组合，可使X–37B拥有较长的在轨服务时间。

③变轨能力强

随着NASA移交X–37项目，其推进剂也从无毒可存储的过氧化氢与JP–8煤油更换成了技术上比较成熟的四氧化氮/肼燃料，这有利于降低风险。X–37B拥有大型的燃料箱和主发动机，在该机前部、后部和侧面还设计有反作用控制系统（RCS），这些都是供空间变轨用的，可以使X–37B在长时间的轨道飞行中进行多次轨道精确机动，如靠近目标、进行捕获等。

X–37B目前还只是一个试验性的飞行器，需要测试的性能较多，主要有：

- 综合热防护系统

主要防热材料为石墨双马来酰亚胺（Bismaleimide，BMI）材质的隔热瓦，而控制面用的是碳/碳或碳/碳化硅复合材料。新型隔热瓦应能承受再入状态下机体前缘和其他部位的高温。其耐久性和可重复使用性能高于航天飞机隔热瓦，寿命是现有隔热瓦的10倍，并能在恶劣环境下保持同样性能。

X–37B的外形与航天飞机相似，但个头较小，大约是航天飞机的1/4，因此其气动加热比航天飞机更为严重，相应地对热防护系统也提出了更高的要求。表2–7是两者热防护系统的对比，从中可以看出X–37B新型热结构材料的使用情况。

**表2–7　X–37B与航天飞机热防护系统的对比**

| 飞行器 | 航天飞机 | X–37B |
|---|---|---|
| 机　身 | 铝合金结构 | 石墨/聚酰胺复合材料结构 |
| 翼前缘 | 增强抗氧化碳材料（1650℃） | 增韧单体纤维抗氧化复合材料（1700℃） |
| 迎风面 | 可重复使用表面隔热瓦HRSI（1260℃） | 表面覆以增韧单体纤维隔热层的可重复使用隔热毡 |

续表 2–7

| 飞行器 | 航天飞机 | X–37B |
|---|---|---|
| 体舵面 | 上表面：硅橡胶浸渍的 Nomex 毡<br>下表面：可重复使用表面隔热瓦 | 碳 / 碳化硅材料 |
| 备　注 | 表中的温度（如 1650℃）是指材料所能承受的最高温度 | |

- 自动再入和着陆

作为一个无人飞行器系统，X–37B 将实现美国航天史上的首次有翼航天器自主再入和着陆。按照试验计划，X–37B 应具备单容错能力，能在风速 31.5km/h 的横风下着陆。为达到这个指标，对大气数据系统的计算精度也做出了很高要求，要求迎角精度小于 1°，计算动压比真实动压大 5%，计算风速比真实风速大 2%。

- 轻型结构和系统

按计划，X–37B 的着陆重量应不超过 3.4t（包括有效载荷和剩余推进剂），该重量与发射重量之比约为 2∶3，这预示着 X–37B 有相当大的轨道载荷携回能力。

- 先进锂离子电池

要求这种电池在轨连续使用时间应大于 6300h（约 262 天），平均故障间隔时间（Mean Time Between Failures，MTBF）应大于 10 万小时。这基本上是要求电池不但在轨期间不能出故障，而且要能在十多次重复使用中不出故障。

- 在轨时间

根据不同任务，可提供 2 ～ 270 天的在轨能力。

- 低运营成本 / 周转能力

按计划，X–37B 的地面控制人员应少于 11 人，一次飞行后再次飞行的准备时间不大于 90 天。但需要说明的是，这是首架 X–37B（OTV–1）的目标。根据美国空军太空计划局局长在新闻发布会上的说法，未来这个时间的目标是 10 ～ 15 天。

（2）结构性能参数

X–37B 的结构图如图 2–35 所示，部分结构性能参数见表 2–8。

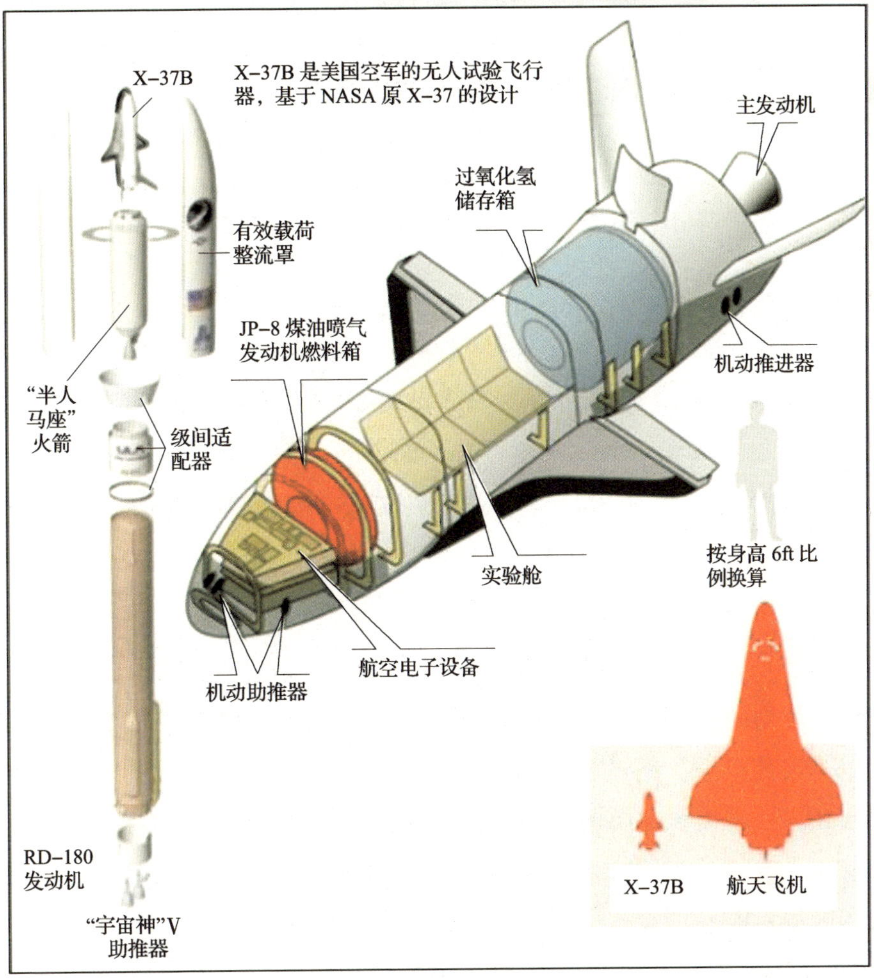

X-37B
X-37B 是美国空军的无人试验飞行器，基于 NASA 原 X-37 的设计
主发动机
过氧化氢储存箱
有效载荷整流罩
JP-8 煤油喷气发动机燃料箱
机动推进器
“半人马座”火箭
级间适配器
实验舱
按身高 6ft 比例换算
航空电子设备
机动助推器
RD-180 发动机
X-37B
航天飞机
“宇宙神”V 助推器

图 2-35 X-37B 结构图

**表 2-8 X-37B 部分性能参数**

| | |
|---|---|
| 机长 | 29ft3in |
| 翼展 | 14ft11in |
| 机高 | 9ft6in |
| 总重 | 4990kg |
| 内部货舱 | 长 7ft，直径 4ft，可容纳 227kg 试验设备 |
| 动力装置 | 1 台普·惠公司生产的 AR-2/3 发动机 |
| 最大速度 | *Ma*25 |
| 着陆速度 | 193 ~ 217mile/h |
| 着陆迎角 | 约 20° |

续表 2-8

| 最长在轨时间 | 270 天 |
| --- | --- |
| 运行轨道 | 美军披露的轨道高度为 203 ~ 925km，而天文爱好者观察到的却是一个倾角为 39.9°，近地高度 401km，远地高度 422km 的近圆轨道。值得注意的是，X-37B 可根据需要进行变轨 |

## 2.6.3 重要意义

X-37B 的试飞成功，是空天领域的一次历史性突破，随着其试验的深入，将使美军不仅具备先进的天地往返能力和先进的卫星在轨技术试验能力，还将为美军实现“全球快速打击”能力提供重要支撑，从而使美军具备新的空间优势与威慑能力。具体来说，该飞行器的试飞成功具有 3 个方面意义。

（1）推动可重复使用技术的快速发展

美国探索可重复使用航天技术由来已久，从 20 世纪 80 年代的“国家空天飞机”计划到单级入轨的 X-33“冒险星”验证机，都因技术难度太大和经费难以为继而落空。X-37B 采用两级入轨的方式，降低了技术风险，取得了初步成功，这将为美国研制 SMV 提供技术基础。另外，随着高超声速推进技术的发展，其“空间作战飞行器”一旦取得突破，将使美国真正完全掌握可重复使用运载技术。

（2）提供先进的卫星在轨技术试验能力

美国空军将把 X-37B 作为其“轨道空间实验室”，可在轨投放军用卫星的试验星，并进行卫星有效载荷的在轨技术测试。而且，X-37B 还可以安装机械臂，进行卫星有效载荷的回收并带回地面进行技术分析，从而降低新一代军用卫星研发的技术风险。

（3）提供“全球快速打击”能力

由于 X-37B 具备在轨驻留能力，可根据作战指令快速再入大气层或在轨投放武器，实现对地面目标的快速打击，因此被美国国防部列入了“全球快速打击”远期备选方案，目标是在 2030 年前后具备 1h 内精确打击远程目标的能力。

### 2.6.4　未来发展

对于 X–37B 的未来真实用途，专家和媒体有各种各样的推测，而国际军控组织“世界安全基金会”对此发布了一份较为权威的评估报告，详细分析了 X–37B 可能执行的任务：

（1）轨道传感器平台与试验装置

其可能性高。X–37B 的有效载荷舱可搭载多种空间对地情报收集传感器，可能包括雷达、红外、可见光、信号 / 电子情报收集装置等，并且 X–37B 强大的在轨机动能力有利于灵活覆盖目标。优点是传感器可以灵活配置，也可以回收。缺点是使用一次性运载火箭发射，灵活性受到限制，成本也较高。

（2）释放战时快速反应卫星（Operational Responsive Space，ORS）

其可能性为中。优点是载荷可以灵活调整，星箭整合难度小，可半隐身入轨，降低轨道被探测的可能性。缺点是仍然使用一次性运载火箭发射，灵活性受限，成本也高。而且 X–37B 的载荷舱太小，仅能装载 2 个小卫星，相对而言还不如用小火箭发送 ORS 卫星入轨划算。另外，载荷入轨后仍难以逃脱外国军方的监视。

（3）轨道维修

其可能性低。可与故障卫星交会，对其进行维修和燃料补充，或将其捕获并送回地面分析。优点是可帮助美军确认卫星失效的原因，并加深对轨道环境的认识。缺点是轨道高度有限（据说上限为 700 ~ 800km）、目前的军用卫星难以装入 X–37B 的载荷舱以及需要地面操纵等。

（4）反卫星平台

其可能性低。可以交会和检查敌方卫星，必要时可以捕获或使其离轨。优点是现有卫星只能接近与其轨道倾角接近的目标，且没有捕获 / 回收能力。而 X–37B 却拥有捕获 / 回收能力，且不会产生大量轨道碎片。缺点是 X–37B 体积大、易被发现以及载荷舱太小。

（5）常规、快速全球打击（Prompt Global Strike，PGS）武器或 PGS 载具

其可能性较低。危机时发射，留轨待机以对付高价值 / 高时敏目标。需

要时，X-37B可从有效载荷舱投放“上帝之棍”（一种长6.1m，直径30cm，重达100kg的钨、钛或铀金属棒，这种安装了小型助推火箭的金属棒，通过卫星制导可在几分钟内对地面目标进行动能打击，其毁伤效果堪比核武器，但却没有核辐射），或再入以自身作为武器。优点是可避免发射弹道导弹而产生的政治问题，缺点是动能武器需要自带离轨用的大型推进器，而X-37B的载荷舱太小，很难装下。另外，X-37B的再入时速不高，约321km/h，无法使用动能武器，必须携带常规弹药来产生重大破坏效应。同时，X-37B在大气层内的速度慢，也易受到防空武器的拦截。再者，X-37B的数量也很少，难以满足及时覆盖潜在地面目标的要求。

值得注意的是，该报告中对于X-37B携带PGS的分析是不够全面的，因为X-37B只是验证机，并不代表未来的真实状况，所谓“载荷舱太小”对于未来的SMV来说完全不是问题。实际上，完成后的SMV可以携带通用空天飞行器（Common Aero Vehicle，CAV）对地进行精确打击，而且打击时只须CAV再入即可，并不需要让SMV本身冒险再入。

## 2.7 X-51A吸气式高超声速飞行器

2010年5月26日，美国空军在加利福尼亚州南部太平洋上空开始了X-51A“乘波者”（Waverider）高超声速飞行器的首次飞行试验。试验中，B-52H轰炸机挂载X-51A（见图2-36）飞到了约50000ft的高空，然后在*Ma*0.8的速度下投放了X-51A验证机。4s后，助推器点火，将X-51A助推到*Ma*4.8，随后，X-51A验证机与助推器、级间段分离，并完成了一个平缓的滚转机动，飞行速度略微降低到*Ma*4.73。此时，验证机上的超燃冲压发动机点火（先点燃乙烯，再点燃JP-7煤油），X-51A开始逐渐加速。大约65s时，X-51A出现了异常，加速度略低于设计值。120s时，X-51A出现了一个显著的倾斜角，并有轻微侧滑，其监测数据显示X-51A已开始减速，于是靶场安全员发出了终止试飞指令，飞行器也启动了自毁程序。

图 2–36 挂载 X–51A 的 B–52H“同温层堡垒”轰炸机

首飞过程中，超燃冲压发动机只工作了 143s，未达到预期的 300s，而飞行速度也只达到 *Ma*4.88，远低于 *Ma*6 的设计目标。因此，试验只能说取得了部分成功。

尽管 X–51A 的试验未完全成功，但美国空军仍对试验给予了充分的肯定，认为这是一种可以彻底改变未来战争规则的前沿技术。由此不难看出，一旦 X–51A 试验成功，必将直接推动美国高超声速武器的型号研制，也将使美国的吸气式空间飞行器和全球打击／侦察系统的开发迈出关键的一步。

### 2.7.1 研制历程

早在 20 世纪 60 年代，美国就开始了高超声速飞行器及技术的研究和试验计划，到 1986 年 2 月，美国正式批准了国家空天飞机计划（National Aerospace Plane，NASP）又称“东方快车”计划。NASP 计划旨在研制一架以超燃冲压发动机为动力，单级入轨的空天飞机，其技术验证机为 X–30（见图 2–37），后因技术难度太大，该项目只停留在缩比模型研究阶段，没有制造任何全尺寸实体样机，于 1992 年被终止。20 世纪 90 年代初，美国还启动了 Hyper–X（即 X–43，见图 2–38）计划以探索高超声速技术。在 NASP

计划终止后，美国空军又开始投资实施另一个高超声速技术（HyTech）计划，但是降低了技术标准。到 1995 年，又开始了可储存燃料超燃冲压发动机流道概念（Storable Fuel Scramjet Flowpath Concepts，SFSFC）计划，1999 年更名为碳氢燃料超燃冲压发动机技术（Hydrocarbons Scramjet Engine Technology，HySET）计划。

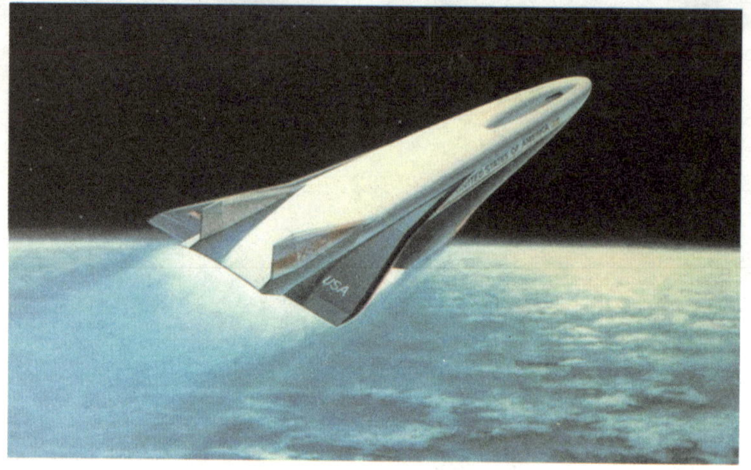


图 2—37　X—30 想象图

图 2—38　X—43A（与 X—51 外形十分类似，都属于乘波体外形）

DARPA 看到了国家对未来高超声速武器的需求，于 1997 年开始介入这一领域，在“低成本快速反应导弹验证机”（Affordable Rapid Response Missile Demonstrator，ARRMD）计划中开始初步从事有关乘波机的军事应用研究。2001 年 6 月，NASA 的 X–43A 首飞失败，为了推进 HyTech 项目的开发，空军与 NASA 达成协议，将利用 X–43C 对 HyTech 发动机进行飞行试验。2003 年初，作为 DARPA 乘波机工作的延续，空军制订出一项“吸热式碳氢燃料超燃冲压发动机飞行验证机”（Endothermically Fueled Scramjet Engine Flight Demonstrator，EFSEFD）计划，后来改称“超燃冲压发动机验证机 – 乘波机”（Scramjet Engine Demonstrator–WaveRider，SED–WR）。2003 年，普 • 惠 – 罗克达因（Pratt & Whitney Rocketdyne，PWR）公司的首台实用型碳氢燃料超燃冲压发动机——地面验证发动机（GDE–1）进行了首次试车，在此基础上，美国空军于 2004 年 1 月选择波音公司（负责机体）和 PWR（负责发动机）组成联合研制队伍，要求制造一架 SED–WR 飞行试验平台，同时将一项价值 1.4 亿美元的合同授予了 PWR 公司，让其研发闭环燃油系统的 GDE–2 发动机。2004 年，NASA 的 X–43A 试飞成功，证实了超燃冲压发动机可以产生足够的推力来加速飞行器。但遗憾的是，NASA 后来将研究转向了空间领域，X–43 计划的后续发展也随之而终止。2005 年，SED–WR 项目得到了空军和 DARPA 的共同资助。同年 9 月 27 日，美国空军正式将 SED–WR 试验平台命名为 X–51A 验证机（见图 2–39）。

X–51A 可看做是 NASP 计划和 X–43 计划的延续，但与这两个非军用计划不同的是，X–51A 充满了浓厚的军事色彩，是军事需求直接牵引的产物。2006 年，GDE–2 地面验证发动机完成了自由射流试验。2007 年 7 月，X–51A 试验用发动机 SJX61–1（X–1）完成试验。2008 年 11 月，X–1 的改进型 X–2（飞行用发动机）在高温风洞内共进行了 19 次点火试验，性能达到预期水平。2009 年 12 月 9 日，X–51A 完成了首次挂载试飞。2010 年 5 月 26 日，X–51A 完成首飞，但只取得部分成功。2011 年 6 月 13 日，X–51A 再次试飞，但进气道口未激活，试验失败。X–51A 计划涉及到多家政府机构和商业公司，关系较为复杂（见图 2–40）。

图 2—39　X—51A 高超声速飞行器

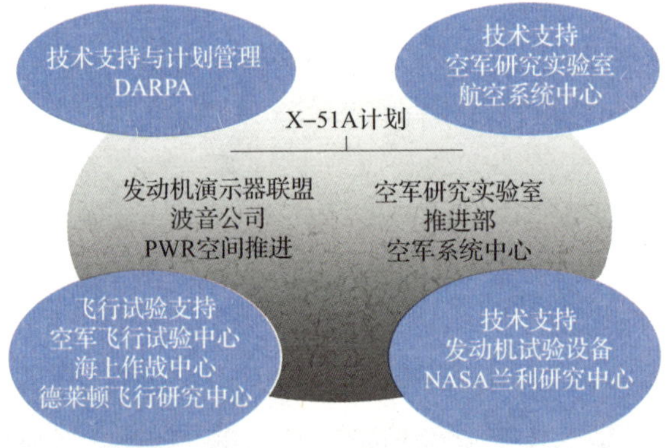


图 2—40　X—51A 的研究机构

## 2.7.2 设计特点及结构性能参数

(1) 设计特点

①乘波体外形

X—51A 的外形从 2004 年 6 月到 2005 年 9 月，共经历了 15 轮改进，形成了比较特别的外形：楔形头部、升力体机身、腹部进气道和尾部控制面。其前半段看上去很像一块尖劈，所采用的外形就是所谓“乘波体”外形（见

图 2-41）。飞行器在大气中以高超声速穿过空气时，将相继产生一系列激波，会带来极大的波阻。X-51A 采用的乘波体外形有专门设计的尖锐头部，可以按照精确设计的角度，分布和组织所需的激波系，使激波系产生的所有压力直接作用在机体平坦的下表面，从而提供升力，使 X-51A“骑”在激波上飞行。因此，X-51A 也常被称为“乘波机”。

图 2-41 X-51A 采用的乘波体外形

采用乘波体外形后，通过机腹下的巧妙气动设计，还可以将高超声速飞行时所产生的多道激波聚集在腹部矩形进气口，起到预压缩空气的作用，一举两得。乘波体外形是目前飞行速度超过 *Ma*5 的高超声速飞行器采用最多，也最成熟的一种气动外形，之前的 X-43A 就采用了这种外形（见图 2-38）。

②独特的进气系统

X-51A 的进气系统由飞行器前体和内部进气道组成，用于捕获和压缩空气，满足超燃冲压发动机工作的需要。X-51A 腹部采用了一个戽斗形整流罩，空气以冲压方式进入进气道，而在高超声速下，空气应以湍流状态进入进气道，否则将出现进气道“不起动”现象。为此，X-51A 在进气道表面设计了一个具有金属凸起的扰流器区域（其位置和凸起高度可由静音风洞试验确定），以使空气从层流转变为湍流。这样，空气进入燃烧室后，就可以保证燃烧过

程持续稳定。

此外，空气经矩形进气口处激波的预压缩，以较高压力进入进气道，也为飞行器在 *Ma*4 的速度下成功点火创造了条件。位于进气道后的隔离段也是一个关键部件，其主要作用是将高压气流调节到适合燃烧室工作的稳定压力，避免进气道处在“不起动”状态。

③结构与材料

X–51A 飞行器结构主要由巡航体、级间段和助推器 3 段组成（见图 2–42）。巡航体中的机身由波音公司的鬼怪工厂研制；而超燃冲压发动机由 PWR 公司研制，安装于机身下部，其流道包括一个自起动进气道和一个与飞行器一体化的二维喷管；助推器由洛克希德·马丁公司从陆军导弹改造而来；级间段是几根气流可通过的管道，它使进气道在助推过程中处于起动状态，并通过气动加热的方式对点火前的燃料进行预热。

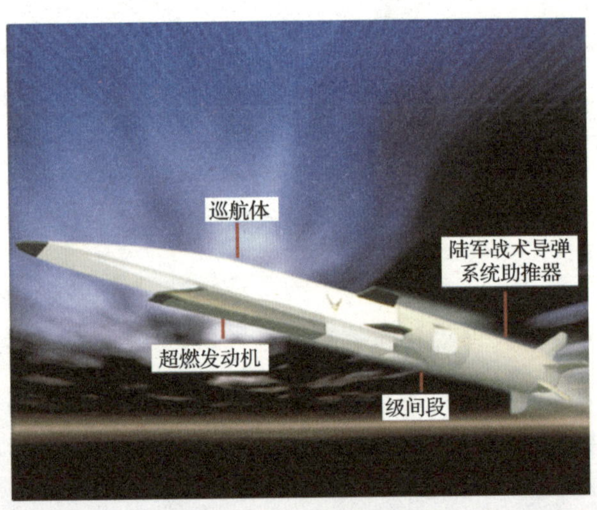


图 2–42 X–51A 飞行器结构部件

X–51A 飞行器基体结构采用的是传统金属材料（其表面覆盖有轻型热防护泡沫和陶瓷瓦），如巡航体和级间段的蒙皮、机身隔框和隔板、助推器上 4 个可拆卸的可动舵面都采用铝合金制造。超燃冲压发动机的主结构用的是燃料冷却的薄壁 Inconel 合金板件结构，巡航体的 4 个可动小翼也是由 Inconel 合金制成。翼前缘采用碳 / 碳复合材料结构，少量钛合金用于级间段流道结

构和助推器尾部，助推器蒙皮及喷管由钢制成。

钨制头部（鼻帽）涂的是二氧化硅防热涂层。陶瓷瓦是波音公司研制的可重复使用的隔热陶瓷瓦（BRI–16），用在机体脊部前缘和进气道斜面上。发动机隔舱内侧采用了柔性可重复使用隔热材料（Flexible Reusable Surface Insulation，FRSI），飞行器表面大面积区域都采用 FRSI 防护，上面涂有波音公司的轻质烧蚀泡沫材料。

④新型动力装置

X–51A 能进行高超声速飞行，其新型超燃冲压发动机也是一个关键。超燃冲压发动机与传统冲压发动机的最大不同就是超燃冲压发动机燃烧室内通过和燃烧的不再是亚声速空气，而是超声速空气。空气流速一快，就能有效解决高超声速飞行时气流在进气道和发动机里拥堵的情况，从而降低进气道和发动机内温度，提高燃烧室的燃烧效率。同时，超燃冲压发动机为了使燃烧室里的超声速空气充分燃烧，还使用了液体碳氢燃料等高性能燃料，既保证了充分燃烧，也提高了发动机功率和推力，增大了飞行器速度。图 2–43 所示为计算机模拟出的超燃冲压发动机的状态。

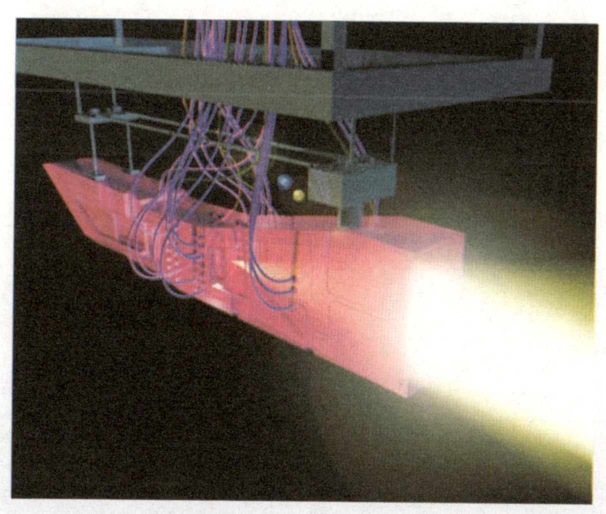

图 2–43　计算机模拟出了超燃冲压发动机的状态

自从 2000 年以来，PWR 公司利用多台地面验证发动机先后解决了几个重大技术难题，并成功掌握了超燃冲压发动机实用化的关键技术。具体来说，有三大关键技术：

- 主动冷却技术

燃油控制系统必须使足够的燃油在整个发动机结构中流动，以保持结构冷却。值得注意的是，燃油流动速度必须在不同马赫数下不断调整，才能确保对结构的足够冷却，并获得足够的热量，从而产生最大推力。

- 燃油喷射位置调节技术

首先让燃油向发动机后方喷射，随着飞行器加速，再向发动机前方喷射燃油。这样，在较低马赫数时，燃油在燃烧室内相对靠后的位置释放热量，而在较高马赫数时，发动机则较为靠前地喷射燃油，以便在飞行器加速时可以有效地提高性能。

- 燃料裂解和汽化技术

发动机壁面内细微冷却通道的内表面涂有一种催化剂，使得 JP−7 燃料流过时吸收结构中的热量，然后在催化剂作用下发生裂解，成为类似于氢、乙烯和甲烷的更小的碳氢成分。裂解的燃料在发动机后部被收集，然后送回发动机前部汽化，喷入燃烧室燃烧。

有了超燃冲压发动机这个强劲的“心脏”，X−51A 将能在长达 5min 的时间里保持 *Ma*6 以上的高超声速飞行。

（2）结构性能参数

X−51A 已知的部分参数见表 2−9。

**表 2−9　X−51A 部分性能参数**

| 全长 /ft | 26（巡航体长 14） |
|---|---|
| 巡航体重量 /kg | 约 680 |
| 发射重量 /kg | 约 1700 |
| 最大飞行速度 | *Ma*6 以上 |
| 最大飞行高度 /ft | 约 100000 |
| 动力射程 /km | 约 700 |
| 动力装置 | SJY61−4 |
| 动力装置燃料 | JP−7 |

### 2.7.3 未来发展

从技术角度看，X-51A 是对美国空军 HyTech 计划的吸热型碳氢燃料超燃冲压发动机进行技术验证，主要实现以下几个目标：

- 收集主动冷却、自主控制运行的超燃冲压发动机的地面和飞行数据，用于理解所掌握的物理现象，并开发和调整用于超燃冲压发动机设计的工具；
- 验证吸热燃料超燃冲压发动机在飞行状态下工作的可行性；
- 产生更大的推力，以证明由超燃冲压发动机推进的自主飞行器的可行性。

从军事角度看，X-51A 将为发展全球快速打击武器提供技术基础，进而为美军发展快速、经济进入空间能力提供技术支持。目前，美国空军正在酝酿下述武器计划：

（1）PGS 武器

美国空军已经开始积极论证有关设计方案，力求 10 年后装备一种空中发射的即时全球打击（Prompt Global Strike，PGS）武器——一种高超声速巡航导弹。按照美国空军的初步估计，这种导弹可以由 B-52 轰炸机或各型战斗机发射，它携带 110kg 载荷，射程达 1100km 以上，依靠高超声速动能撞击目标以获得杀伤效果。同时，它使用的是 JP-7 燃料，能较好地适用于现有的后勤保障体系。

（2）“激流”项目

2010 年 4 月，美国空军公布了一种正在酝酿发展的快速反应导弹项目，全称为“快速识别和打击禁入区内目标”（Rapid Identification and Prosecution of Targets in Denied Environments，RIPTIDE），英文缩写直译就是“激流”。该项目将充分利用 X-51 计划在超燃冲压发动机技术方面取得的进展，力求研制一种具有快速反应能力的防区外导弹。据称，“激流”导弹外形尺寸与 X-51A 基本相当。美国空军十分看好“激流”项目，迫切希望现役作战飞机能够尽早携带一种高超声速巡航导弹升空，从而具备在 1h 内打击数百千米外目标的能力。

# 2.8 第六代战斗机海军方案 F/A-XX

2005 年，美国空军将 F-22 和 F-35 改称为第五代战斗机（也得到了美国国防部和国防工业界的支持），因此 F-22 和 F-35 的后继机被称为“第六代战斗机”。波音公司鬼怪工厂积极开展了第六代战斗机的方案研究，这是基于公司自身利益的考虑。美国海军预计在 2015 年后开始替代 F/A-18E/F 舰载机的计划，这是波音公司借机推出一种新舰载机的最好机会，而美国海军的下一代空中优势（Next Generation Air Dominance，NGAD）飞机计划又给波音公司提供了自 JSF 竞争失败后重返有人驾驶战斗机市场的机会，因此波音公司必须竭力抓住这个能给公司带来巨大利益的机遇。

## 2.8.1 方案的提出

据英国《国际飞行》杂志 2009 年 7 月 14 日的报道，早在 2008 年 6 月，波音公司鬼怪工厂就向美国海军提出了第六代战斗机方案（见图 2-44），这是一个无尾的飞翼布局方案。

图 2-44 鬼怪工厂为美国海军提出的第六代战斗机方案

2008年7月15日，英国《简氏防务周刊》刊文称，美国飞机制造商在继F-22和F-35之后，已经开始寻求更隐身、更高速和能够执行多种任务的新一代战斗机。波音公司综合国防系统总裁兼首席执行官詹姆斯·安波杰表示，波音公司已经在着手研发第六代战斗机，并已投入约8.5亿美元用于战斗机开发，其中很大一部分是用于新机的开发。2009年，据俄罗斯军事平等网报道，波音公司鬼怪工厂公布了其设计的第六代战机基本方案F/A-XX（见图2-45）。该方案是一种双发、无尾的翼身融合体布局，但从座舱区到机头的部分具有常规战斗机的形状。座舱是直列双座的，既可以有人驾驶也可以无人驾驶。

图2-45 鬼怪工厂公布的F/A-XX方案

2010年，美国相继披露了有关第六代战机的信息。2月，美国国防部在《2011～2040财年飞机投资规划》中提出：2015年之后对战斗机的投资重点将是研发“F-22战斗机的后继能力”，在“2025年前后，美国可能需要某种F-22的后继机”。4月9日发行的美国《航宇日报》则首次披露美国空军已建立了六代机专项办公室，并已开始项目论证工作。5月3～5日，在马里兰州海军年度装备展上，波音公司向海军展示了两种有人驾驶第六代战斗机方案（见图2-46）。

图 2-46 波音公司的两种有人驾驶六代机方案

2010 年 7 月 19 日发行的《航空周刊与空间技术》报道称，美国空、海军正在确定六代机的能力 / 性能需求，其中海军的六代机被称为 F/A-XX 或 NGAD 飞机，计划用来取代 F/A-18E/F。11 月 3 日，美国空军装备司令部所辖的航空系统中心在美国政府的“联邦商业机会”网站上发布了题为“下一代战术飞机装备与技术概念研究”的能力信息征询书（Capability Request for Information，CRFI）。CRFI 里提到的“下一代战术飞机”就是美国空军此前提及的六代机。

种种迹象可以看出，从 2010 年开始，美军六代机研制已正式列入规划，并开始着手立项前的论证准备工作。通过对已有信息的综合分析，美军的六代机有可能在 2015 年前后正式立项，2020 年前后开始工程研制，2030 年前后形成初始作战能力。

## 2.8.2 技术性能设想

（1）能力需求

美国海军在 2009 年底已出台了一个关于 NGAD 能力的文件，目前也完成了能力的评估，而美国空军的评估工作还在进行。空军的重点是空中优势，而海军的兴趣是执行多种任务的能力。海军与空军使用的技术会有部分重叠，但至今还没有形成一个联合的方案。

①可承受性

这是美国海军和空军都最为关心的一个因素，很大程度上是由于F−22和F−35的研制和采购费用不断增长所致。

②航程

战斗机的航程（包括武器射程）代表了其任务可达性。基于潜在对手正在扩展的反导弹能力，下一代战斗机应该要能攻击比现在远得多的目标。初步要求下一代战斗机不加油作战半径能达到1600～2000km，而现在的F/A−18E/F和F−35只有800～1000km。增加航程的另一个好处是可以减少对加油机的依赖。

③速度

要求飞机应在尽可能短的时间内飞行尽可能远的距离，以便能尽快到达战场位置。为此，不加力的超声速巡航能力应是可能要求之一。F−22的这个能力在各次战斗演习中已被证明是一种十分重要的能力。

④武器

分析显示，2025年后美国空中力量的压倒性优势将越来越难以维持，这意味着将需要不同类型的武器，包括定向能武器、更小的弹药和超高速武器等。不过定向能武器将增加飞机的电力和冷却需求。

⑤尺寸

按预计，满足航程要求的生产型飞机的空重约为18200kg，比F/A−18E/F或F−22要大一些。一个飞行员估计会使设计重量增加1%～2%。

⑥动力

在给定了航程和火力要求后，飞机的尺寸将取决于发动机的效率。美国空军研究实验室正领导着一个“自适应通用发动机技术”（Adaptive Versatile Engine Technology，ADVENT）计划，目的是验证一种变循环发动机，据说燃料消耗要比F−22和F−35的发动机少25%。

⑦连通性

美国空军现在的B-2、F-22和F-35尽管能相互对话，但它们与非隐身飞机平台进行信息共享的能力却很有限。在现在和未来的战场环境中，任何在敌方领空作战的飞机都同时是一个探测器，都需要将获得的信息传递出去。因此，下一代飞机将需要与其他机队有更高效的连通能力，即更先进的保密通信手段和高速数据链。下一代飞机强大的连通性还可减少对全球定位系统（Global Positioning System，GPS）的依赖，因为目前一些国家正在发展反卫星能力，美国的GPS将受到越来越大的威胁。

⑧隐身性

飞机的隐身能力是突破敌防空系统的重要保证，而今天的隐身水平在2025年后将远远不够，但下一代飞机不会片面追求全方位隐身，而是寻求隐身与其他性能间的某种平衡。

（2）典型技术特征

保持绝对空中优势，是美军研究新机的一贯追求。从目前来看，美军的六代机可能将采用以下先进技术。

①高超声速技术

高超声速被认为是第六代战斗机的重要指标之一，就是说，美军未来的第六代战斗机将是一种高超声速飞行器。波音公司高级系统部总裁戴维斯认为，“无论如何，高超声速都将在第六代战斗机上表现出来”，也许“最初表现出来的不是飞机发动机，而是飞机的动能弹药”。

②多传感器信息融合技术

所谓多传感器信息融合技术，是指对来自多个传感器的数据进行多级别、多方面、多层次的处理，从而产生新的有意义的信息，而这种新信息是任何单一传感器均无法获得的。采用多传感器信息融合技术，可极大提高飞机对战场态势的全面感知能力，因此美国第六代战机必将采用该技术。

③全频谱隐身技术

目前的隐身飞机，其实现隐身的频段还比较狭窄，特别是在低频段，其隐身效果甚微。而第六代战机将在这方面寻求突破，实现所谓全频谱隐身。具体来说，就是扩大隐身频段，如增加可见光、红外、雷达波的某些隐身频

段，最终实现全频段隐身，从而使任何探测设备均无法探测到。

④智能蒙皮

智能蒙皮是1985年由美国空军提出的新技术构想。所谓智能蒙皮又称“灵巧蒙皮”，是一种利用智能材料对外界环境变化做出机敏反应的蒙皮。一般由信息传感器、控制器和驱动器组成，具有信息传递、处理和驱动3种功能。美军六代战机很有可能会采用这种蒙皮，因为这种智能蒙皮有助于提高飞机的飞行性能，有利于飞机隐身和发现隐身目标，并可增加飞机的可靠性。由于智能蒙皮的这些特点，美国空军认为在未来的空战中，“飞机有了智能蒙皮即使不是决定性优势，也是一个主要优势”。

⑤定向能武器

定向能武器也是第六代战机的可能选择之一。波音公司认为，定向能武器在决定第六代战斗机的机动性上具有至关重要的作用。“光速”武器可以使战斗机机动性的重要程度降低，因为飞机根本无法及时摆脱定向能武器的攻击。脉冲武器也可烧毁敌机或地面目标的电子系统。美国空军指出，只要在F-35之类的战斗机上安装一个功率达100kW的高能固体激光器，就可以使这些飞机变成空中新杀手。为此，美国空军正在加快发展这种体积小、能量高的固体激光器。据美国空军有关文件估计，固体激光器技术在2016年前后即可完全成熟。届时，在第六代战机上安装固体激光武器就会成为可能。

⑥光电技术

光电技术的运用具有许多优点，好处之一就是可以更加有效地促进智能蒙皮的应用。目前F-16战斗机内总数据信息量小于10亿次运算／秒(Billion Operations per Second，BOPS)，F-22A战斗机内数据信息量是F-16的3倍，但离21世纪美国空军航空航天飞行器要求的200BOPS还有很大差距。要达到这个要求，使用光电子技术是重要措施之一。波音公司高级系统部门总裁戴维斯指出，在第六代战斗机上，光子设备将取代传统的电子设备。通过使用多通道光纤总线来连接机上的所有系统，机上的连接线会更少。同时，由于光纤可以使用不同的波长完成不同的工作，因而飞机可以更快地传输大量

数据，而不必使用那么多的电缆，这样飞机的负载更轻。另外，光纤的抗干扰能力也强，不易受到网络攻击。

### 2.8.3 发展前景

（1）将面临与其他公司的激烈竞争

波音公司为了改变在以往竞争（如ATF和JSF竞争、无人战斗机竞争）中一再失败的窘境，同时也为了公司今后的发展，抢先推出了替代F/A-18E/F的海军型第六代战斗机方案F/A-XX，此方案是否能被海军接受，还有待观察。从美军以前研制第五代战斗机的历程来看，在前期的方案论证阶段，都是由多家公司参与方案竞争并择优确定。因此对于六代机的研制，美军也很有可能采用同样的方式，也就是说，波音公司的这个方案今后将有可能受到其他公司，如洛克希德·马丁公司（已在开发六代机的一些特定技术，如新型复合材料）和诺斯罗普·格鲁门公司（已向海军提出了一种基于X-47B的六代机方案）的竞争威胁，能否胜出，还很难说。

就在波音公司公布其六代机方案近4年之后，洛克希德·马丁公司于2012年1月5日披露了其正在研制的第六代先进战斗机的图片（见图2-47）。

图2-47　洛克希德·马丁公司臭鼬工厂公布的第六代战斗机概念图

洛克希德·马丁公司的这一设计概念出现在该公司赠送给媒体记者们的2012年年历上。它显示出该公司将继续寻求具有突破性性能的下一代战斗

机。该设计概念的机头与F-22相似，但翼面具有独特的形状，还采用了以很大角度外倾的尾翼。整体上看，该设计概念预示着追求速度和敏捷性。洛克希德·马丁公司在回答《飞行国际》记者的提问时，对波音公司于2011年9月提出的某种新一代战斗机设计概念提出了含蓄的批评。波音公司当时公布的概念采用无尾布局和常规机翼，具有可选有人/无人驾驶的特点。洛克希德·马丁公司认为："仅仅把飞行员与一架飞机分离，或者仅仅在信号特征缩减和航程方面引入量变级的提升，都不会在能力方面带来跨代飞跃……在我们的第五代战斗机上已经可以看到这些提升。"该公司还认为：在下一代战斗机可能采用的技术中，应当包括"明显地提高速度"，具有更大的航程，具备诸如自修复结构、宽带隐身等新的特点。该公司同时还提出：这些能力必须由推进、材料、发电和武器等技术领域所取得的突破来支撑，但其中一些技术"仍然只是设想"，"从时间进度和资金的角度来看，这需要在研究与开发方面进行其他的大额投资"。

（2）将顺应六代机的整体发展形势

波音的F/A-XX虽然是海军型六代机，但也会受到空军发展空军型六代机的影响而随时进行调整，因为二者都是六代机，必然存在技术上的重叠。美国空军于2010年11月发布了六代机能力信息征询书，提出了空军六代机的主要使命任务（空战）和相对次要的使命任务（如ISR），并声明目前提出的使命任务和能力特征将随着需求研究分析和"基于能力的评估"（Capability Based Assessment，CBA）工作的开展逐步成熟和明确，而目前提出的感兴趣的技术概念也可能会根据CBA工作的结果进行调整。可以看出，空军型六代机与海军型六代机都还存在较大的调整空间。如何使空、海军六代机协调统一地发展，美国国防部必然会制订出相应的整体发展规划，那么波音F/A-XX的未来也将取决于这一规划，或者说F/A-XX必须顺应六代机的整体发展形势。

（3）鬼怪工厂仍将担当创新孵化器的角色

回顾上世纪的有人驾驶战斗机竞争（ATF之争和JSF之争）和本世纪初的无人战斗机竞争（X-47B与"鬼怪鳐"竞争），鬼怪工厂总是使波音公司的技术方案闪耀着创新的光芒，创新已成为鬼怪工厂持之以恒的信念和传统，相信在F/A-XX的发展过程中，鬼怪工厂仍将一如既往地担当起创新孵化器的角色，为波音公司抢占技术制高点再立新功。当然，鬼怪工厂也会从以往过分追求创新而导致竞争失败的事件中吸取教训，正确把握好创新的分寸和力度，从而避免再蹈覆辙。

# 第 3 章 鬼怪工厂的管理与创新

波音公司兼并麦道公司最有价值的收获之一就是获得了著名的研究和发展机构——鬼怪工厂。合并之后，为加强部门管理工作，拓展业务领域，增强研制与开发新产品的能力，鬼怪工厂又进一步进行了机构整合，与波音公司的原研究机构和由西雅图飞机制造厂收购的罗克韦尔工作组紧密结合，重点发展先进军事产品，同时将研究范围拓展至商业、航天等多个领域，成为波音公司新思想、新技术和新工艺的源泉。

实际上，合并之后的鬼怪工厂一度被称作“先进系统部”。2009 年 2 月，波音公司重新恢复了“鬼怪工厂”这个名字。这一举措也表明，波音公司一改鬼怪工厂被称为“先进系统部”时期以获得新项目为中心的策略，重返以开发未来技术为主的传统样机研发模式。

## 3.1 鬼怪工厂的任务宗旨与发展战略

鬼怪工厂最初是作为麦道公司新飞机和导弹产品部的原型机中心而设立，直到 1991 年麦道公司才正式成立鬼怪工厂，以同洛克希德 · 马丁公司的臭鼬工厂竞争。

### 3.1.1 鬼怪工厂的宗旨

长期以来，在技术研发领域，波音公司鬼怪工厂与洛克希德 · 马丁公司臭鼬工厂都有自己鲜明的特色。臭鼬工厂主要是以各类飞行器工程型号需求为牵引，紧密围绕型号研制开展创新性研发工作，力求以最短的时间和最低的成本研制出原型机，同时兼顾开展一些其他国防武器装备与技术的研究。而鬼怪工厂成立之初就对自身的目标与宗旨有明确的定位，其主要任务是从事新概念、新工艺、新系统以及各类先进技术的开发工作，目标是在 3 ~ 7 年内使技术达到成熟并转化到型号研制业务部门中，以缩短技术和工艺从研究开发到生产之间的距离；同时关注未来 7 ~ 20 年的技术领域，这些技术往往不与产品挂钩，而是作为未来发展的技术储备。因此，鬼怪工厂研发的多为高精尖技术，这些技术具有很强的超前性、开创性，当然也伴随着难以预测的高风险。

在 20 世纪 90 年代初，鬼怪工厂的宗旨是研究先进的结构和材料，在原型机环境下进行验证，并将其过渡应用到现有的产品上。鬼怪工厂引领着麦道公司精益制造技术的实施，以降低周期时间，从成本、速度、技术嵌入中析出效率，提高质量。

1995 年，麦道公司进行了机构调整，将为政府从事航宇研究的部门都合并到鬼怪工厂，并且让密苏里州和加利福尼亚州的航空航天部门以及亚利桑那州的直升机部门的 3000 名员工加入了鬼怪工厂，大大扩大了圣路易斯鬼怪工厂的影响力。之后，鬼怪工厂负责了一些大型研究和开发项目，这些工作包括了一系列远景性保密项目的技术验证，而这些项目最开始时几乎没有任何积极的回报。这些项目的成功完成使得波音团队（1997 年，麦道并入波音公司）跻身工业界的领导地位，鬼怪工厂也成为波音公司最主要的研究和开发支柱。

1999 年，波音公司宣布重组鬼怪工厂，将其总部从圣路易斯迁到波音公司的总部所在地——西雅图，鬼怪工厂将直接向主席办公室汇报，而之前是向波音公司的副总裁汇报工作。这次变迁再次强调了鬼怪工厂在波音公司长期发展战略中的关键作用。

到 21 世纪，鬼怪工厂的业务已涉及整个波音公司并支持公司所有的业务部门，它的任务是成为企业创新的催化剂，贡献技术上的突破，显著减少波音产品与服务的生产周期和成本，同时改善质量和性能。鬼怪工厂有数千位

工程师、技术专家和科学家，组织开展着500多个项目。波音公司在提升与发展间需要一种平衡，而鬼怪工厂的核心价值就是创新、敏捷、技术领先、风险承担及企业家思维，这样的核心价值激励着鬼怪工厂寻求近期和长期的未来发展。

### 3.1.2 鬼怪工厂的发展战略

在企业发展过程中，鬼怪工厂也能够根据自身存在的问题，审时度势，及时调整战略发展方向，与时俱进、不断创新，渡过难关。鬼怪工厂的宗旨就是"开发具有竞争力的技术"，但是这也可能导致所研发的先进技术有时过于超前，忽略了实用性，脱离了现实需求，使其无用武之地，即使用于型号上也可能由于其高风险难以得到用户的认可。正是由于这些原因，致使鬼怪工厂所属母公司在20世纪90年代美国军用飞机多个项目竞争中先后落马，典型代表就是ATF、JSF项目之争。

在F−15的换代战机——ATF方案竞争中，尽管麦道公司的YF−23采用了非常规的隐身性能和超声速性能更为突出的设计方案，许多技术非常先进，更能代表21世纪战斗机的发展趋势，但由于技术风险太大，存在过多地牺牲飞机的敏捷性、可靠性和维修性等缺点，最终败给了洛克希德公司的YF−22。

在低成本、多用途隐身战斗机——JSF方案竞争中，洛克希德·马丁公司的X−35采用了相对较常规的布局，特别是与该公司研制和生产的F−22有较大的继承性。X−35的许多技术也都是在F−22基础上借用的，这对X−35的研制、工程发展和使用都很有利。而波音公司的X−32采用的布局有些"标新立异"，机翼是相对大的三角翼，采用了直接升力垂直起降动力和独具一格的"大下颌"进气道方案。尽管这种布局的气动性能在试飞中被验证是可靠的，但对波音公司来说的确是属于"前无古人"的创新作品。在X−32的发展过程中还借用了许多波音公司在民用飞机设计中创新的技术与经验，而且原麦道公司在军用飞机的研制中也有骄人的业绩，美军现在的主力机种F−15、F/A−18都出自于麦道之手，但是X−32与原麦道公司研制和生产的战斗机的

继承性相对较少，因而对于X–32这种新颖布局在今后的发展与使用中，究竟隐伏着多少不确定因素，谁也没有把握。致使美军从一开始就更看好X–35方案，导致波音公司的X–32落败。

面对屡战屡败的尴尬局面，鬼怪工厂一度危机重重。2006年，随着波音公司研发的X–45C（起源于鬼怪工厂先进概念研究）在竞争美国海军无人作战飞机验证计划中败于诺斯罗普·格鲁门公司的X–47B，波音取消了“鬼怪工厂”的名字，将其改称为“先进系统部”，主要从事一些项目管理工作，不再从事新概念和先进技术的开发工作。不过，鬼怪工厂并没有因事业跌入低谷萎靡不振，而是积极努力、革新思变，及时根据外部环境的变化调整发展战略。

鬼怪工厂认识到创新也关乎商业，并不仅是技术，应倾听客户的声音并解决他们的实际问题。同时鬼怪工厂将其重点转向为政府客户和民用客户提供更加平衡的支撑，而之前的鬼怪工厂则更注重国防领域。鬼怪工厂注重做好对波音民用飞机和综合防务系统部中长期技术规划的支持，帮助为公司新的商机提供技术并降低风险，以及吸收利用其他公司所开发的技术。

2009年2月，波音公司为推动自主研发未来无人作战飞机项目研制工作的开展，重新恢复了“鬼怪工厂”这个名字。鬼怪工厂的研发模式转变为以开发满足型号研制需求的未来技术为主的传统的原型机研发模式。由于波音公司自筹经费研制原型机，既不用满足特定的技术指标，也不用参与特定项目的竞争，其主要目的是向政府或军方展示基于波音公司成熟技术研制的原型机所能够达到的先进技术水平，以此获得有关方面的高度兴趣和关注，从而为获得未来新型飞行器的研制合同打下基础。正如鬼怪工厂现任总裁达瑞尔·戴维斯所说：“我们测试这些原型机及其相关系统，以验证客户需要的能力。当客户需要这样的能力时，我们就能够提供70%～90%的近似答案。”在这样的发展战略指导下，鬼怪工厂正致力于无人飞行器、下一代新型战机等领域相关技术的研发，耕耘于航空航天工程领域最令人激动的和前景最为看好的研发方向。

此外，鬼怪工厂积极配合波音公司的全球化战略，在其他许多国家和地区成立鬼怪工厂研究和技术中心。比如2002年成立波音研究与技术欧洲分部，隶属于鬼怪工厂；2008年在澳大利亚建立了“鬼怪工厂”高级研发分部。鬼怪工厂还与波音公司驻各国的领导及国家战略小组等组织在东京、伦敦、巴黎和马德里等地召开了一系列国际技术峰会，这些峰会将重要地区的决策者召集在一起，讨论诸如空中交通管理、航空航天和环境、国际国防合作、未来飞机概念、先进的制造技术等重要议题，使波音领导层能与国际学术界、政府和业界领导人会面并交流意见和信息。波音公司的领导人表示：“我们必须加快行动。世界不会等待我们，我们的竞争对手也不会等待我们。只有实现了全球化的波音，才是成功的波音。”

### 3.1.3　鬼怪工厂在研发工作中的任务

波音公司的组织结构体系新型、精简（见图3–1），使得公司在新的发展机遇中进行合理投资的同时能持续关注运营业绩的改进。波音公司全球总部强调股东的价值，研究公司的战略方向，以及分配执行公司商业战略所需的人力和财政资源。波音公司全球总部下设的6个业务集团在与股东利益息息相关的经济利益目标驱动下，负责日常的运营工作、业务工作和持续稳定的经营业绩。公用服务集团着重于提供给各部门的基础设施和保障服务，能让各业务集团将重点放在收入的产生和增长上，通过加强程序和更好地利用整个公司的购买力而增加价值。公司工艺委员会承担领导责任，确保能在波音公司里分享和贯彻最佳最优的方法、手段及流程。

其中，鬼怪工厂作为波音公司的研发组织，是波音公司的技术“黏合剂”(Technological Glue)，服务于除公共服务集团外的所有部门，为公司产品与业务进行专门的技术开发与创新。波音主席和首席执行官菲尔说：“在波音公司新的组织架构下，鬼怪工厂和工艺委员会在协助波音作为整体公司更高效地运作方面将扮演更加重要的角色，为我们的客户和投资人创造出更大的价值。”图3–1形象说明了鬼怪工厂在波音公司企业管理中所起的技术核心作用。

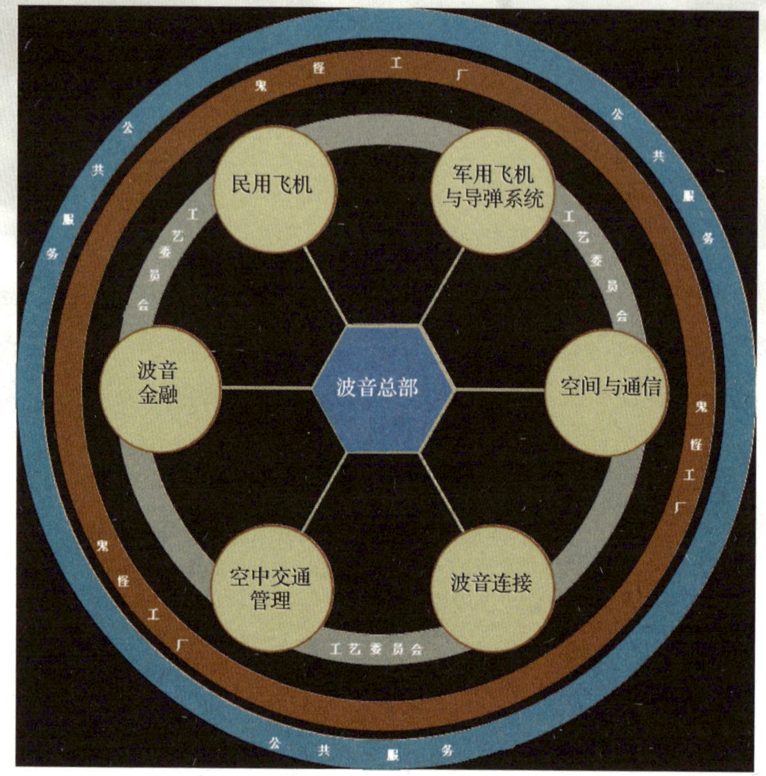


图 3—1　波音公司的组织结构体系

## 3.2　鬼怪工厂的团队管理

鬼怪工厂在波音公司科研项目研发工作中承担的任务十分明确，即：为大力改进航空航天产品与服务的性能、品质与费用可承受性提供先进的系统解决方案与重大技术成就。为此，鬼怪工厂组建了两种类型的团队：高级系统团队和高级技术团队。高级系统团队致力于开拓具体的新商业市场，而高级技术团队负责为波音公司的所有商业用户提供工程、信息和制造技术。技术团队下属有多个部门，主要包括：战略发展和分析部、工程信息技术部、飞行结构制造和支持技术部、高级系统技术部以及波音研发欧洲分部等。各个部门的具体职责如下：

（1）战略发展和分析部

主要负责构思、鉴定和招揽来自私人研究部门和政府的相关研究和发展项目，以争取获得他们的合同。

(2）工程信息技术部

主要进行工程和技术创新，将创新技术应用到产品的设计、处理和服务上，使波音公司获得最大的商业价值和利润，研究领域主要包括飞行科学、信息技术、航空电子技术、数学和计算技术以及航空产品系统及其子系统，这样庞大的系统组成了该部门强大的研发和生产能力。

(3）飞行结构制造和支持技术部

主要负责产品生产流程的连续性，以及保证产品的生产成本和缩短流程作业的时间，提高效率。

(4）高级系统技术部

旨在满足波音公司全方位的商业需求，为工程信息技术部提供创新的设计方案，以满足公司短期、中期甚至长期的目标；借鉴客户方面的要求，外加自身的发展规划，以公司长远的发展规划为基准，以最大化的公司效益和利润为动力和目标，以最优化的科研团队为主力，发挥人才的最大能动性。

(5）波音研发欧洲分部

主要以欧洲客户为主，设计出满足欧洲这片除美国市场外最大市场的需求；它是第一个建在美国本土之外的波音研发中心，在欧洲与空客公司展开了激烈的竞争。

波音公司组织结构的灵活性及通畅性体现在新项目的实施及技术的共享上。例如波音公司为新飞机项目波音 7E7 专门设立了波音 7E7 项目部（即后来的波音 787)。这种灵活设立独立项目部门的方式有效地集成了波音鬼怪工厂及飞机项目部的前沿研究成果。鬼怪工厂主要负责开发先进的技术、工艺和系统，缩短波音新产品的研发周期，降低成本，还对各种尖端项目中的新技术和新工艺进行认证。而新项目的实施恰好可以以通畅的交流方式与独立的鬼怪工厂进行合作。这样，一方面，研发机构与新项目部门的独立性可以使部门自主性加强，有利于排除各种因素对新项目实施的影响；另一方面可以灵活地将研发技术与新项目实施进行集成，有利于技术信息的共享，加快新项目的实施效率。

在项目实施过程中，鬼怪工厂要求员工一起工作，分享彼此的成败，互相倾听意见，互相帮助，将波音的“携手合作”法则深入落实到项目、团队与组织的管理中。该法则的主要内容包括：

（1）携手合作

这是最重要的管理法则，包括团队内部的协同工作以及与客户、供应商的合作。一个团队只有与内外部方方面面携手合作、通力合作，才能生存与发展壮大。

（2）梦想蓝图

梦想、理想和项目预期可以激发员工对正在做的事情产生热情，认为自己的工作富有目标与意义。

（3）明确目标

团队中的每一个人都要清楚项目任务目标是什么，以及如何进行具体分工。

（4）项目计划

如果想成功管理项目就必须制订计划，以说明行动的方向和目标，以及具体的实施步骤。

（5）人人参与

如果想要员工团结协作的话，就必须让人人都有参与感，不能要弄保密手腕。

（6）从数据求解放

情绪不能解决问题，应该利用数据和事实而不是感情来决定如何解决项目中出现的问题。

（7）透明管理

坦承项目过程出现的问题，从错误中学习，犯一次错误和再次犯同样的错完全是两回事。

（8）允许抱怨

有时抱怨也是可以的，这样才能使员工释放心理上的重负，从而继续工作。

(9) 提出计划，寻求办法

也就是说遇到问题不要放弃，要坚持不懈，寻找出路解决问题。

(10) 彼此倾听，相互帮助

这是团队工作的核心，是完成任何壮举的必要条件。

(11) 保持心情愉快

领导者要集中精神，团结大家的力量，领导的愉快情绪可以给整个团队带来稳定和希望。

(12) 享受工作乐趣

人是组织最宝贵的资源，人才是组织唯一的可再生资源，获得乐趣可以帮助员工恢复精力，让他们重新获得生产能力。

## 3.3　鬼怪工厂与臭鼬工厂的管理

鬼怪工厂正是当年麦道公司为对抗原洛克希德公司臭鼬工厂而成立的技术研发机构。鬼怪工厂与臭鼬工厂既有共同之处，也有明显的区别。臭鼬工厂的目的是为了高效、快捷地完成新式战斗机原型机的设计、研发和生产，由人数较少的飞机设计师和技术工人组成，采用高度集中的管理方式，尽可能以最少的开支、最简单最直接的方法研发和生产出先进的原型机；而鬼怪工厂的主要职责是作为测试新技术和新概念是否能应用于生产的一个组织和机构，以缩短技术和工艺从研究开发（Research & Development，R&D）到生产之间的距离。

### 3.3.1　臭鼬工厂的主要管理方法

臭鼬工厂作为洛克希德公司（洛克希德公司于 1995 年初与马丁·玛丽埃塔公司合并成为洛克希德·马丁公司）内一个相对独立的创新研发设计部门，是当今世界上最为先进、最具创新力的飞行器研发机构之一。臭鼬工厂的管理方法致力于用新技术和新理念、快捷高效的项目流程设计研发、快速制造先进飞行器的原型机，以降低研制风险。它鼓励员工的创新和个人主动性、重视系统随新技术的升级。从臭鼬工厂承担的诸多项目（包括新品研发和硬件生产）中可以看出，不同项目在产品类型、技术、用户、合同、规范、保障需求等方面均存在重大差别，但臭鼬工厂都能应付自如，联合用户、承包商持续满足项目目标。臭鼬工厂的管理方法归结起来主要包括：

（1）建立小而高效的项目办公室。

（2）赋予项目经理在技术、财务、进度和运作方面快速决策的权利，使其真正成为处理项目各方面事务的决策人。

（3）严格限制项目相关人员的数量，并使人员固定化，尽最大可能将全体项目人员安排在同一地点工作。臭鼬工厂的研发团队规模从不超过 30 人，臭鼬工厂相信，如果项目有太多人参与，那么在项目内部决策及对外联系上将很难做到快速有效。

（4）既限制项目对“外人”开放，又要确保适当的、最低限度的监管。

（5）提出有挑战性但能够实现的需求，简化审批程序，使变更次数与变更程度最小化。

（6）编制紧凑的计划进度安排，充分考虑可能发生的延期或返工。

（7）严密监管项目的所有开销，定期全面检查财务开支情况。项目经理每月都要做成本计算和估算，避免让用户因为突然超支而不知所措；给予项目的资金应及时，这样承包商不必总是在银行间奔波。

（8）减少管理和设计人员花费在报告或文件编写上的时间，除重要工作记录须详尽彻底外，应将编写报告或文件的数量和频率最小化。

（9）质量管理方面强调检验系统统一规范。臭鼬工厂使用的质量检验体系应通过空军／海军批准，适用于所有型号，能够满足现有军用需求。转包商和成品厂应承担大部分基本检验任务，不提倡重复检验，但是一些关键性的项目则须多次检验。

（10）风险管理方面努力做到修改合同中限制性或无实际意义的规定，以降低产品研发风险。如：只把关键的性能参数作为需求加以规定，研发合同将最终满足这些特定的需求，而其他次要的性能参数只定义为目标，而不是

硬性规定的必须达到的指标。

（11）根据任务完成效率、质量来决定激励情况。对那些任务完成效率高、质量好的人员要加大奖励力度，而不是根据职位来决定奖励。

## 3.3.2　鬼怪工厂的主要管理方法

波音公司兼并麦道公司之后，鬼怪工厂在研发与管理创新模式上秉承与融合了原麦道公司与波音公司的各自优点，学习借鉴了臭鼬工厂管理模式的精髓，创造出具有鲜明自身特色的技术研发与管理模式。鬼怪工厂作为波音公司的创新孵化器，致力于开发先进的技术、工艺和系统，在3～7年内使技术达到成熟并转化到型号研制业务部门中。例如：在波音7E7研制过程中，鬼怪工厂成功地满足了350多项技术和工艺开发里程碑节点要求，占全部里程碑节点总数的98%。此外，鬼怪工厂还关注未来7～20年的技术领域，这些技术往往不与产品挂钩，而是作为未来发展的技术储备。鬼怪工厂在管理方法上的主要特色表现在：

（1）利用“波音优势”策略

鬼怪工厂集中了波音公司在不同产品、技术、工艺和人才方面的优势，利用波音在产品、工艺和人才方面的深度和广度，鬼怪工厂能够更好地开展工作，确定新的系统解决方案，以单一、完整和低成本的策略来满足客户的要求。“波音优势”策略被应用于无人驾驶战斗机、X−37项目及新型波音747空中发射系统等。波音747空中发射系统在将民用和军用有效载荷送入太空时，具有周期短、成本低和按需发射的特点，此外还可用于执行各种科研任务。

（2）统筹的科研管理

有效的科研管理是科研工作的倍增器。从某种意义上来讲，科研管理能力要比单纯的科技能力更为重要。鬼怪工厂的科研管理采取了系统性很强的组合管理方法，其项目管理、科研计划、资金管理等协调一致，都是在一个统一的思维和目标下来制订的，避免了管理与技术间不同步对于科研活动的影响。

（3）人员的流动管理

鬼怪工厂的员工并不是固定聘任，而是由外部循环地聘入与流出，每年循环 10% 的人员。他们进来时从事技术工作，出去后就可从事项目管理工作。鬼怪工厂的项目人员不一定都在同一地点工作，对于身处异地的项目人员主要是通过先进的网络通信技术实施协同工作。鬼怪工厂是项目管理人员的一个大的学习平台。每年有数百个小型技术项目，每个项目仅有 2 ~ 4 人。项目规模虽小，但小型项目所涉及的问题与大型项目是一样的，因而参与人员在完成技术工作的同时也得到了项目管理的锻炼。与臭鼬工厂相比，鬼怪工厂人员流动管理的缺点就是，由于人员变动大，专注于特定专业领域的时间相对较短，导致人员素质不一。新来项目人员不能很快适应工作，项目组不得不付出相当的时间和精力代价。

（4）项目全过程的强化监控

鬼怪工厂注重对科研项目全过程的密切监控，对产品开发流程中的各个阶段确定清晰明了的决策评审点。决策评审点有一致的衡量标准，只有完成了规定的工作才能够由一个决策点进入下一个决策点。例如，在参与美国陆军未来战斗系统（Army Future Combat System，FCS）项目时，由专人负责项目的全程监控，如果发现产品研制工作出现了问题，可及时终止该部分工作的继续进行。加强对各发展阶段的试验测试，也是为系统开发、综合和确认阶段提供快速反馈，减低项目风险的重要环节。

（5）及时的战略调整

就鬼怪工厂自身的发展而言，一度因过于追求技术的超前性而忽略了实用性，使得麦道公司在 20 世纪 90 年代的三大军用飞机项目竞争中失利。因此，鬼怪工厂及时调整发展战略，转变研发重点，主要研发能转变为产品的项目。例如在 ATF 和 JSF 项目竞争失利后，鬼怪工厂敏锐地察觉到美国国防部未来将加大网络中心战技术的发展，因此及时将科研重点转向了网络中心战技术领域。由于该技术领域需求大，竞争还不太激烈，从而提供了更多的未来发展空间，并且鬼怪工厂在并入波音公司后，利用“波音优势”策略，坚持进行创新。总体而言，如今的鬼怪工厂以开创航空航天业的未来为己任，致力于创新的、成本适中的航空航天解决方案，是波音公司的创新孵化器。

(6) 先进管理工具的应用

采用先进管理工具提高科研效率。如：在波音 777 和 F/A-18E/F 研制中都广泛采用了异地并行工程的方法。通常，在产品开发过程中，上层技术依赖于下层的技术，如果一个层次的工作延迟了，将会造成整个产品开发时间的延长。异地并行开发模式的基本思想是将不同层次工作由不同的团队同步开发完成，从而减少下层对上层工作的制约。据美国国防部和美国空军的调查表明，并行工程能使研制费用下降 30% ~ 60%，研制周期缩短 35% ~ 60%。

(7) 充足的科研经费保障与灵活的经费管理

鬼怪工厂研发工作主要有两大资金来源：1/3 来自波音公司内部，2/3 来自于竞争所得的政府与军方项目经费。波音公司每年将收入的 3% 投入研究和开发工作，大部分都投入到具体的型号研发中，如波音 7E7 等，鬼怪工厂所得不到其中 1/4。尽管如此，经费数目依然不少，如果再加上来自 DARPA、NASA、美国海军研究办公室和美国空军研究实验室的相关项目资金，经费数目就更为可观，这为鬼怪工厂开展技术研发工作提供了有力的经费保障。鬼怪工厂在科研经费管理上十分慎重，一般每年要历时 6 个月进行科研预算的制订，从上一年的 7 月份到年底制订下一年的科研计划与经费分解。慎重的科研投资策略有利于确保技术产品发展。

在科研投入方面，充分考虑是否有能力承受近期技术开发和未来能力升级，通过综合考虑各项发展的需要，实现未来发展与现实利益的平衡，保证科研良性化运作。要确保高优先级技术能力，采用技术优先过程来确定将要进行的工作，根据现有资金和其他资源以及需求迫切级别的平衡来进行决策。

为提高科研投入产出效率，鬼怪工厂注重科研经费灵活应用。由于关注点的不同以及认识上的不足，企业在开展科研活动时经常会重视技术研究和系统研制，忽视了技术向产品转化的投入，出现由于迟迟无法形成效益而使得技术失效的现象，造成严重的资金浪费。为了防止出现这种新技术“死亡谷”现象，鬼怪工厂注重对技术转换环节的投入，使得资金在从新概念的产生到产品交付全过程的投放达到平衡，消除由于某个环节的投入不足而影响整个项目投资效率。

(8) 规范的质量管理

鬼怪工厂早在本世纪初就通过了ISO9001：2000及AS9100：2001认证，在研发工作质量管理中，以ISO9001：2000为主要质量管理标准，以AS9100：2001为补充，严格按照相关条例贯彻实施。

(9) 形式多样的风险管理

要努力追求风险收益最大化，前瞻性的科研存在着失败或成本显著提高的风险，而高风险的投入往往意味着高的回报。在进行这样的项目时必须确保具有光明的发展前景，并想方设法将项目风险降低到最小。这方面采取的方式主要包括：

①采用渐进式开发推动技术发展

所谓渐进式开发，就是在研制复杂的武器系统和高度综合的技术时最好是采用系统性的、渐进式的步骤来处理，而不是花费大量时间研究非常大型的高成本的单独操作的原型飞行器，不能过度追求技术的先进性而忽视了技术本身发展的渐进性。鬼怪工厂在X–37的研发历程中很能体现出这一点，X–37在前期由于采用的新技术过多而失败，2002年被取消，2003年重新恢复研制，但是其任务已改变，转为主要验证空天飞机的自主进场与着陆能力。2006年X–37B（见图3–2）开始研制，其任务是演示验证多种试验和技术，包括高耐久、高温热力学保护系统，耐储存、无毒液态推进剂，以及重要的新空气动力学特性等。2010年4月，X–37B首飞成功。

图3–2　X–37B轨道试验飞行器

②大量使用成品设备和部件

不同的产品之间，存在许多可以共用的零部件、模块和技术，如果在开发中尽可能多地采用成熟的共用基础模块和技术，产品的质量、进度和成本将会得到很好的控制和保证，产品开发中的技术风险也将大为降低。F/A-18E/F（见图 3-3、图 3-4，E 型为单座，F 型为双座）的研制中，对机体结构的隐身要求较低，飞机的航空电子系统大部分采用 F/A-18C/D 型飞机已有的航空电子系统，发动机为派生型设计。这种低风险的方式有利于让项目的成本和进度达到要求。

图 3-3　F/A-18F“超级大黄蜂”在航母上即将着舰

图 3-4　F/A-18E“超级大黄蜂”舰载型战斗机

③考虑技术与可靠性余度

余度技术是指采用两个或两个以上的部件、分系统或通道，正确、协调地完成同一任务，并满足对其可靠性及故障容限要求的一种技术。而复杂的综合项目随着项目的开展经常会出现一些难以预见的技术问题，这些问题有时会成为整个项目的瓶颈，严重影响项目的进程。

针对这一情况，鬼怪工厂注重对潜在风险的解决预案，除在项目经费中预留出一部分的管理预备金用于解决新出现的技术问题外，还在例如 X-36 等无人驾驶飞行器上设计安装综合控制系统（见图 3-5），一方面，系统的余度数越多，意味着飞行器发生故障的概率越低，可靠性就越高；另一方面，由于系统采用了飞行员在环技术，可消除对昂贵复杂的自主飞行控制系统的需求，以及这些系统因不能处理飞行中未知或未预见现象而带来的风险。

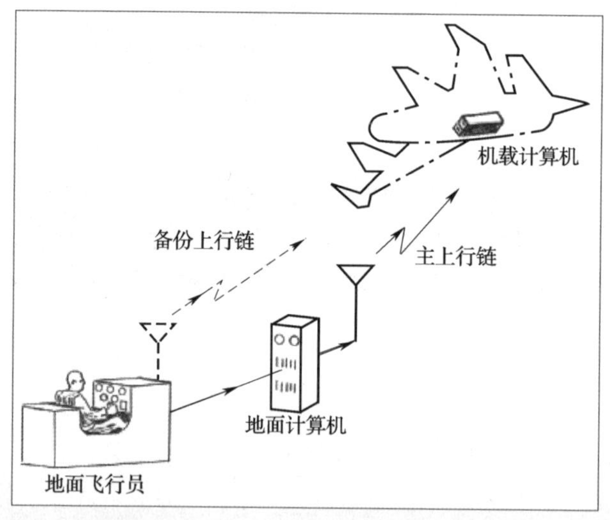


图 3-5 X-36 综合控制系统示意图

## 3.4 鬼怪工厂的创新管理

一流的企业必须具有一流的创新。技术创新是大型企业的立业之本，只有拥有自己的核心技术，波音公司才能实现全球生产而不必担心技术的外移。2011 年 5 月 26 日，波音公司董事长、总裁兼首席执行官詹姆斯·迈克纳尼

（James McNerney）在中国接受记者采访时表示："我们全球商业战略的核心，是要去领导创新，这也是保持竞争力的来源。"波音公司一直的战略原则就是不断创新，以保持竞争的优势。

基于此，鬼怪工厂的历任负责人十分重视技术与业务工作的创新。值得注意的是，他们认为创新并不仅仅是与技术相关，而且还与业务相关。创新需要聆听客户的心声，解决他们所遇到的问题。创造和创新之间是有区别的，这种区别其实就在于有趣技术和重要技术间的不同。真正具有创新性的想法不仅是富有创造性的，它们还通过为客户提供产品和服务使公司大大降低成本并提升业绩来解决市场上出现的真实难题。为此，鬼怪工厂采用各种方式方法推动创新工作的开展，并取得良好的效果。

例如鬼怪工厂开发的3D模拟、仿真以及虚拟现实工具，实现了设计周期和成本同时减半；鬼怪工厂还引领了高速机加、摩擦搅拌焊接、自动化纤维敷设、缝合树脂膜填充技术的应用，用于更快、更廉价地生产更坚固、更轻的大型金属和复材结构；此外，先进航空电子团队利用商用计算机技术和工艺来为飞机和航天器生产可重复使用的航空电子系统，其所需的开发和升级成本还不到现有系统的一半。鬼怪工厂在开发X−45A、X−37、X−43A、鸭式旋翼／机翼、翼身融合运输机以及先进战区运输机这类超前系统时，就使用了这些创新性的技术和工艺，从而大大节省了时间、降低了成本。鬼怪工厂正是通过开发诸如美军未来作战系统项目这类的总体系统以及"系统的系统"等方案决定着航空航天业的未来。这类方案的基础是网络中心架构和工具方面的重大工作及投入，以及鬼怪工厂从业务部门汲取不同产品、技术、工艺及人才中的精华，并整合成一种单一、综合、低成本方案的卓越能力。

### 3.4.1　鬼怪工厂的创新方法

在波音鬼怪工厂，任何能够应对客户的挑战的新系统概念都是一组创意的组合，涉及多个因素，需要真正了解、解决问题的各个方面，并巧妙地应用技术，才能提出创新的解决方案。为此，鬼怪工厂专门设立了一个由公司内部资深科学家和工程师组成的团队，了解限制技术创新的相关问题，并主要负责挑选、评估、资助和培养好的创意，从而为众多系统发展出新技术。与洛克希德·马丁公司臭鼬工厂类似，波音鬼怪工厂采用了一种被称为“管道”的概念来确定创意的发展优先权并支持创意的成长，以“把树苗培养成小树，再培养成大树”的方式进行阶段性筛选。

作为需要大量创新点子作为发展基石的机构，鬼怪工厂发展出了一套称为I2I(Ideas to Innovation）的创新方法。I2I是一套类似头脑风暴的创新方法，被鬼怪工厂广泛应用于内部管理，同时也应用于防务业务。比如客户在临近节点时才提交招标书（RFP)，要在最短的时间内做出反馈并给出建议，应用I2I的方法就可以实现。典型的I2I创新活动的一般流程是：

（1）发起人利用商用软件（如Idea Central）发布需要的创新内容，征集所有员工的意见；

（2）活动开始时就对全公司范围内可以征集创新意见的目标参与者进行定位；

（3）参与者在网页上提交创意以及创意所需的支持文件，提出问题和建议，并能对其他人的创意进行投票；

（4）在整个活动过程中，发起人对参与者的提案进行审查，并选出最具潜力、创新性和可行性的方案，再提出问题，进一步明确方案细节，完善方案。

鬼怪工厂管理人员认为，I2I方法对员工来说，是最直接的将员工聪明才智为公司做出贡献的方式；而对于企业来说，则以前所未有的深度、广度高效利用了人才的专业知识，节约了大量的时间和成本。

### 3.4.2 广泛开展创新合作

鬼怪工厂并不受既定业务规划的限制，它注重获得和培养创意，广泛开展外部与内部的创新合作，其关键能力不仅在于能创造出新的技术解决方案，还在于能提出新的应用概念，以充分利用新技术带来的优势。鬼怪工厂试图从各种来源获得创意，包括员工、客户、大学和供应商等。为了实现创新目标，鬼怪工厂经常与大学开展合作，以赢得政府的研发合同；用客户的语言

与客户沟通，说明新技术对客户和利益相关者的价值。一旦一个项目进入了系统设计和发展阶段，鬼怪工厂就会将项目和团队转交给波音综合防务集团的相关业务部门。

此外，鬼怪工厂通过参与世界范围内的风险投资基金扩展其研究、研制和创新能力。比如向加拿大蒙特利尔的一家风险投资公司（TechnoCap 公司）投资了 1000 万美元，这家风险投资公司主要业务是促进加拿大高技术公司的发展。通过投资 TechnoCap 公司，可以接近大量的高技术公司，特别是那些致力于网络硬件和企业软件与服务的公司。

### 3.4.3 重视创新文化的培养

企业文化作为一种管理方式，反映了管理工作高层次的追求。它强烈地影响着企业员工的行为方式，并通过过程和行为等体现在企业的技术实践和管理实践中。企业文化不仅强化了传统管理的一些功能，而且还具有很多管理不能替代的功能，它们包括凝聚功能、导向功能、激励功能、约束功能等，通过这些功能可以直接或间接地提高企业的竞争力，推进企业的整体发展。

波音公司的企业文化十分强调创新和变革。在它的年度报告中提到，公司给予员工的知识和技能不仅仅是让他们去应对变革，还要掌握变革，主动推陈出新。鬼怪工厂可以说是波音公司创新的源泉，在“永远开创新的领域”这种创新文化熏陶下，鬼怪工厂的员工在技术研发领域不断推陈出新，规划着波音公司的未来。波音公司在 JSF 项目上竞争失败后，正是该部门的卓越工作，一方面迅速将 JSF 原型机的研制过程中取得的精益生产方面的经验广泛推广到其他机型的研制项目中，另一方面通过研制 X-45、“鬼怪鳐”等无人机占领未来高科技战争的先锋——无人战斗机（UCAV）领域的领导地位。

### 3.4.4 系统工程在创新研发工作中的应用

为了对企业级的技术研发进行有效管理，波音公司通过在其属下的主要业务部门（波音商用飞机公司、综合防务系统公司、鬼怪工厂）之间的协作，建立并实施了一套基于系统工程和战略驱动的研发工作流程，称作全球企业技术系统（Global Enterprise Technology System，GETS）。

GETS 是以波音公司的主要研发工作为对象的技术管理流程。1997 年的企业兼并使波音和麦道这两家技术与产品可以互补的公司走到了一起，它们各自拥有自己多元化的技术产品。合并后公司产品和服务的多样性涉及到范围更广的一系列技术，随着这些技术发展，为企业不断地开拓出一些新的机遇。作为波音公司主要研究机构，也是“创新催化剂”的鬼怪工厂在其中发挥着十分重要的作用。

鬼怪工厂主要致力于波音公司多种产品线所需的常见技术领域，研发重点放在可广泛应用于波音公司现在和未来的产品线的技术上。鬼怪工厂集中了波音公司在不同产品、技术、工艺和人才方面的优势，拥有满足多种专业技术领域的研发能力，包括结构与制造、先进电子学、系统集成及网络中心战等。在鬼怪工厂的创新研发工作中，GETS 为其提供了指导，除了开发前沿技术，鬼怪工厂还利用其优势致力于开发全系统和多系统整合的系统解决方案。

（1）建立 GETS 的目的

一家大型企业必须拥有一种对横跨多领域的创新进行管理的方法，而这种方法是以一种具有集中性、连贯性和不影响创造力的方式进行的。如果没有一种明确和系统的流程对创新进行管理，那么可以认为这家公司是以一种“个性化驱动”的方法进行决策研究的。在个性化驱动型研究方法下，技术方法的应用更多地基于偏好和直觉，而非对整个公司及其机遇的系统化进行考虑。个性化驱动型研究管理是具有风险性的，原因是利用该方法做出的决策很容易忽略足够广泛的战略投入。

在开发 GETS 的过程中，波音公司有几个关键目标，对工作流程的要求是：

- 高度协作化。在创新过程中，吸引不同类型的参与者一起工作。
- 系统化。应用系统工程原理和流程概念。
- 精益化。使企业级的研发能够有力、有效地响应波音公司的业务需求。
- 持续改进。使对技术方法应用的管理能够适应在公司的需求和机遇中

出现的变化。

- 可跟踪。确保研发工作对商业需求的明确关系。
- 促进高水平的创新、试验及发现。
- 使未来研发工作与近期研发工作进行适当关联。
- 适当吸引外部及全球的研发资源（如实验室、大学及其他公司）参与研发工作。
- 对复杂工作的管理，其管理方式应能使参与者了解他们需要知道的内容及需要知道的时间进度，而无须忙于其不需要知道的细枝末节。
- 简单明了。使参与人员能够迅速了解他们如何为项目做贡献以及如何与他人进行协作。

从本质上讲，大型的、拥有多元化业务的企业技术研发流程都会面临挑战。在提升创新的同时，如何平衡多种需求，既实现近期的价值同时又开拓未来的机遇。我们有时把这种近期与未来相结合的技术开拓工作称作“量入为出”的研发工作。这种研发工作需要不断随时间对商业战略需求做出响应，在加速新产品开发、减少不必要重复工作的同时，为未来的研发目标奠定基础。

这项工作面临的主要挑战包括：

- 如何建立一套方法，通过该方法，公司的主要支柱性业务领域能够获取并互通不断变化的战略需求，然后将这些领域和需求整合，找出对公司未来业务至关重要的技术领域。
- 如何推动产品开发人员与技术人员之间的交流，以起到对技术发展的“推带”作用。
- 如何帮助流程中相关负责人明确自己的职责，以及为其提供灵活的方法使其能够有效开展工作。
- 如何管理在公司产品、服务和市场中体现的诸多技术的内在复杂性。
- 如何适当地均衡利用外部资源开展技术创新工作。
- 如何开展更多的跨学科创新，如将多领域的新兴技术进行整合，从而形成创新解决方案。

(2) GETS 创建过程

GETS 创建工作起始于 2003 年，来自波音公司主要业务部门的参与者经过 3 年的努力得以完成。创建工作共分为 5 个阶段：

①评估研发流程

波音公司拥有一套对技术和产品开发进行管理的通用模式，可用于指导企业各个部门建立自己的研发管理流程，它侧重于企业为产品及技术的未来而进行创新时所应考虑的关键流程要求。在开发 GETS 的最初流程框架时，采用该模式进行评估有助于开发工作的开展。

②举行流程开发研讨会

以通用流程模式形成 GETS 的最初流程，对使用通用模式可能采用的方法进行开发和探讨。通过研讨会，对初步的流程进行概述，初步流程包括特定技术方法应用所需的基本流程步骤。然后通过适当的方法增加这些流程步骤。

③条理性审查

将主要的流程相关者（如产品开发和技术开发部门的领导）聚集到一起对流程进行广泛的条理性审查。评审意见有助于对初始流程的改进，并可以增强对改进流程的理解与认同。在 GETS 条理性审查阶段，共收集并处理了 250 多条评论意见。条理性审查流程的一个好处是在对比他人的需求过程中，使流程各相关者得以了解，并且通过力求将系统作为一个整体进行考虑的方式形成纸质解决方案。

④部署和持续改进

GETS 流程已经成功地用于鬼怪工厂不断改进的技术管理上，因此该流程一直在进行推广与完善，整个波音公司的多个团队都已深入参与。流程中的各种办法正在不断改进，从而帮助各部门协同工作实现公司的业务目标。

⑤流程扩展应用

用于开发初始流程的同一通用流程模式也可以用来推动该流程以新方式延伸应用，覆盖不同的业务领域，如外部研发关系。方法是相同的，即以参

考模式开始，评估考虑流程的主要目标和环境，然后形成一个明确、相关、贯通的本地流程。例如，波音公司总部与下属国际子公司的协作便采用了该方法，为共同研发工作打下了一个全新的基础。

（3）GETS 的内容

GETS 整个流程包含了 4 个连续步骤，有时我们把它们称为“4D”：探索、决策、开发、部署（见图 3–6），可以认为这是技术开发在不同层次上连续进行的 4 个并行步骤。

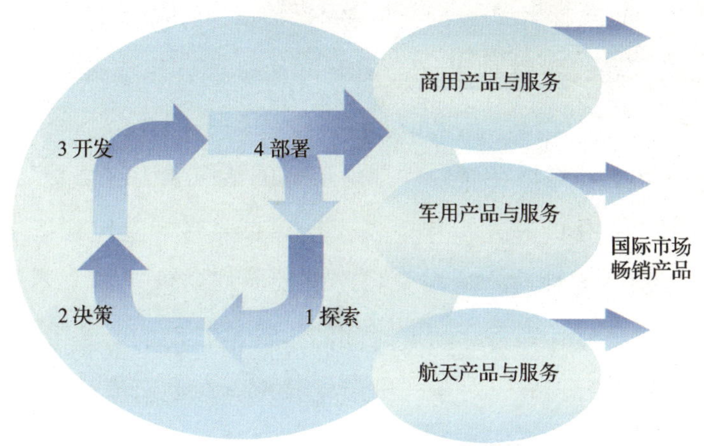


图 3–6　GETS 顶层 4 步骤在不同层面上连续进行，形成一股创新价值流

①在探索阶段，首先，各个产品项目开发团队要基于最新的技术领域信息，分析研究当前技术状况与未来的发展趋势，开拓创新，提出更为前瞻的技术概念，指出今后应努力研发的大致方向。这种探索方式需要将有关技术专家、产品专员、市场分析员等多方人士聚集在一起，每一个人都运用自己的专业知识来帮助发现并弄清未来可能的机遇，如行业里诸如先进结构、航空电子技术或者纳米技术等新兴技术如何能够应用于未来的产品和服务？环境技术或者系统集成概念如何支撑未来消费者的各种需求？通过各个领域专家的创造性探讨，明确什么是市场上“想要的”和什么是掌握技术后“可能实现的”。

②决策阶段吸取了探索阶段的成果。应能回答这样的问题：关于未来已经了解了什么？有什么新机遇已经出现？什么样的设想已经发生了变化？什

么样的重点领域正在改变？对做出的决策需要进行批判性评估；要审视机遇与需求，理清轻重缓急；对比重点领域，找出新兴的公共关注的主题以及它们随着时间可能发生怎样的变化。为了促使相关研究的开展，要用这些主题类的需求来为它们“撒下种子”，以便应对这类需求。

③开发阶段是关于如何采用技术方法开展工作。技术专家们为了各类拟定的研发工作制订计划，然后在现有的资源约束内加以实施，开发将来需要的能力。在向最终技术目标迈进的过程中，本阶段着重其中的焦点和效率。为了确保这些项目按照计划进行，需要不断地对其进行评审。基于不断发展的需求，这些主题技术计划也许会随时间而扩大，生成公司所需的关键技术。

④部署阶段主要是把在研发计划中形成的诸多能力“部署”到公司各业务部门内更加专业化的开发工作中去，且有必要将其应用到将来的产品上。根据每个技术领域的性质，从探索到部署的时间可能会有所不同。理想地，一个定位清晰的研究计划将会随着时间的推移给我们的业务带来许多可用的能力。为了有效进行部署，对于一种给定技术，在创新流程中就应该尽早考虑到部署阶段，这一点是十分重要的。

（4）GETS 的系统工程概念

鬼怪工厂将 GETS 流程看做系统工程的思想应用于研发工作中。在大规模系统工程领域，波音公司历史悠久。从诸如新型 787“梦想”客机这类产品的开发，到国际空间站，再到客户化定制的“空军一号”，波音公司以开发这些大型工业化产品而闻名。这就是为何当波音公司思考如何管理未来的产品和技术研发工作时，自然会想到将系统工程思想应用其中。4D 就是将系统工程应用到了技术管理中。图 3-7 展示了如何将 4D 阶段绘制到“系统工程 V 形”图表中。“探索”等同于开发未来需求，为了产品和技术发展发现一系列的机遇。“决策”是要用批判性思维来筛选方案，设计出将要投资的最佳技术组合。“开发”是运用项目管理来最佳地开展工作，始终保持项目的总体技术组合与远见一致。“部署”是在业务领域内传递技术以及其他能力，并使它们发挥预期作用。

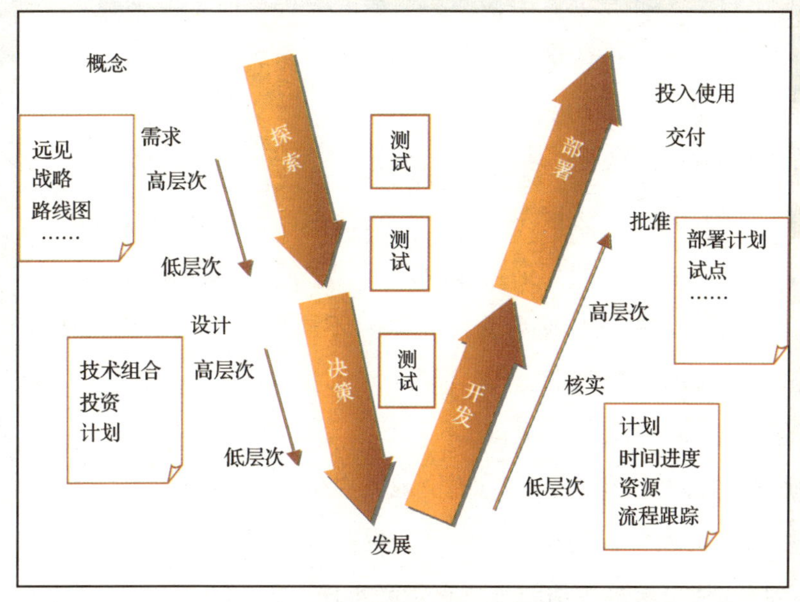


图 3-7　将 4 个阶段规划到一个系统工程流程中

（5）GETS 构建工作的经验及推广建议

①平衡企业的业务多样性

认清公司不同业务领域间固有的差异，明确哪些领域满足不同的市场和消费者。不要为了追求共同点，迫使流程变得相同。尝试理解在业务工作中“合理共同点”看起来是什么样的。当因协作而将它们关联时，也要留给它们各自开展工作所需的灵活性。

②运用基本的工程流程改进准则

流程成熟性至关重要。建立一个各利益相关方都能参与的流程，并引导他们一起得出答案，对总的业务有所帮助。流程要足够的标准化，使其具有可重复操作性，然后随时间的推移，将重点放在对流程的改进上。

③不要忘记创新中人的因素

要使用训练有素的人力资源。当工程师和技术负责人能带着共同目的的有效协作时，才能带来最佳成果。要实现这一点，有时需要一位懂得团队流程的人帮助更为有效地开展协作工作。

④将目的明确的创新目标牢记于心

目的不是为了拥有世界上最谨小慎微的流程，而是为了建立一个满意的流程结构，通过在竞争中保持领先地位进而在市场上保持强劲势头。这便是研发流程有效性的最终衡量标准。

⑤在整个流程中培养大力协作精神

创新并不只是一个人的绝妙想法，它是以产出创新能力的方式，将很多人的创新想法结合在一起，通常只通过一种功能或一位技术专家是不能获得这些能力的。最佳的创新应着重于将来自不同领域的创新能力结合在一起，为客户提供令人信服的功能。

⑥确保流程和方法清晰明了

清晰简明的流程有助于人们更快地明白他们能够如何参与进来，并付出自己的精力，贡献自己的思想。对于研发流程来说这一点尤为重要，因为几乎任何新想法都要求多重功能来将它付诸实践。

## 3.5 鬼怪工厂的创新技术应用实例

鬼怪工厂可谓是波音公司创新的源泉，进行创新技术的开发与应用是鬼怪工厂最主要的职责。下面以数字化设计与制造技术在X−32研制中的应用、拉挤棒缝合高效组合结构（Pultruded Rod Stitched Efficient Unitized Structure，PRSEUS）、先进轻型飞机机身结构（Advanced Lightweight Aircraft Fuselage Structures，ALAFS）、数学分析与信息处理软件等为例对鬼怪工厂的创新技术应用进行详细说明。

### 3.5.1 数字化设计与制造技术在X−32研制中的应用

鬼怪工厂虽然在JSF项目上因所采用的技术风险过大而不敌洛克希德·马丁公司的臭鼬工厂，但是其竞争机型X−32在研制过程中却采用了很多的创新设计制造方法与工艺流程。

JSF项目是美国有史以来最大的一项战斗机研发计划，也很可能是美国最后一项有人驾驶战斗机研发计划，其研制、生产时间将跨越数十年，合同总

值高达数千亿美元，可谓是“空前绝后”。当年，在经过“概念定义和研究设计”阶段的竞争后，美国军方最终选中了波音公司与洛克希德·马丁公司进入“概念验证研究”阶段，并与他们签订了研究合同。同时将波音公司负责研制的 JSF 验证机编号为 X-32，将洛克希德·马丁公司研制的验证机编号为 X-35（见图 3-8）。

图 3-8　X-32（左）与 X-35（右）

就像 X-35 由洛克希德·马丁公司的臭鼬工厂负责研制一样，X-32 由波音公司专门从事尖端技术研究开发的鬼怪工厂负责研制，约有 4000 名工程师和研究人员参与了 X-32 的研制工作。在 X-32 研制生产中，鬼怪工厂创新性地应用先进的数字化设计与制造技术，取得了显著成效，尤其在制造中最繁琐的装配阶段应用数字化技术从而使成本得到有效控制。

飞机数字化设计与制造技术是借助于计算机网络技术，把飞机的结构和零件全部用三维实体描述出来，并且把各种技术要求、设计说明、材料公差等非几何信息以及各结构之间的相对位置表示清楚。在此基础上进行虚拟装配，检查零部件之间是否发生干涉以及它们之间的间隙，排除某些设计的不合理性，最终形成数字样机。数字样机作为制造依据，基本上实现了精确设计，极大限度地减少了工程更改，节省了大量工装模具和生产准备时间。在波音研制 X-32 过程中几乎没有返工现象，这主要归功于所采用的先进设计和

制造技术——三维实体建模、虚拟现实及虚拟装配。

在 X−32 飞机研制中，当零部件汇集到飞机总装地——加利福尼亚州帕姆戴尔工厂时，已见不到通常陪伴在飞机生产线上的巨大型架，取而代之的是一种通用支架，用来支撑飞机的主要部件。利用激光跟踪仪对它们进行空间定位，并且在装配中采用现场可视化装配技术。在总装车间，使用桌面计算机代替图样来读取 X−32 设计说明。工程师们通过使用视频链接使来自西雅图、圣路易斯、塔尔萨与帕姆戴尔的同行“会面”。随着 X−32 装配工作的进展，工人们开始佩戴一种挂在腰间的微型计算机。它通过一种单目镜片，能把装配顺序按照装配好后的样子投射到正在装配的部件上方，看起来就像它们装配好时应该呈现的样子。采用这项新的装配技术之后，大大地提高了装配工作的效率和质量，能把 X−32 前机身和中机身对接的装配时间减少到 YF−23 的一半。事实上，X−32 前机身所用的装配时间只有 YF−23 的 1/3，而且装配 X−32B 前机身的时间又比装配 X−32A 所花的时间减少了 1/3。波音在 X−45 无人驾驶战斗机项目中也采用了这一先进技术。

在 X−32 研制过程中，基于数据库的集成制造系统技术在降低成本、提高质量、减少研发周期方面也做出了巨大贡献。过去，波音公司需要把设计数据传递给生产部门编写数控加工程序，经数控机床加工零件后再进行检验。而现在，只要取出零件的数字定义，直接提交给计算机自动编程的数控机床上进行加工就可以了，节省了大量时间。过去，从发布零件设计数据到加工成零件需要 5 周时间，而现在只需要 5 天。新的加工方法大量省去了部件设计数据库中的指令，加工信息下载到一部计算机自动编程器上生成加工指令，经过几次模拟运行之后，利用数控程序就可制造出相应的飞机零件，质量完全符合要求。波音公司的计算机自动编程器是 CATIA 和 UG 的混合体。UG 是原麦道公司常用的计算机辅助设计系统，利用计算机自动编程器可以避免人工编程时发生错误的可能。

波音在 X−32 设计制造中以并行工作方式应用虚拟制造技术也十分成功。X−32 的几大部件在异地生产，其制造依据是同一个数字样机。在圣路易斯生

产的X-32前机身的各种部件与在西雅图生产的中机身、机翼、后机身和尾翼的各种零部件，都是根据同一个数据库的数据设计和制造的，从而保证了产品数据的准确性与唯一性。只要取出零件数字化定义即可自动生成数控代码，加工便能一次完成，然后在异地进行装配。整个设计制造过程出错率减少了80%，而且装配过程未出现过错误，是异地设计制造和异地装配非常成功的实例。

### 3.5.2　拉挤棒缝合高效组合结构（PRSEUS）

在波音鬼怪工厂开展BWB布局飞机研发过程中，面临许多难题，机身设计就是其中的难点之一。常规布局飞机的机舱结构是圆柱形，承受气密性载荷能力较强，而BWB布局飞机中机身结构是矩形，易产生疲劳损伤，承受气密性载荷能力较弱。由于BWB布局飞机20%以上的升力来源于中机身，因此，中机身除了要承受机舱内的气密性载荷外，还要承受机身与机翼的弯矩和剪力，这对其抗疲劳结构设计提出很高的要求，一种有效的解决方法是采用抗疲劳性较好的复合材料制造。然而，从制造工艺上考虑，常规布局飞机中机身几乎是等横截面的圆柱形结构，制造难度较低。而BWB布局飞机中机身结构非常复杂，可视为是一个相对厚度达17%以上的有限展长机翼结构，而且各个横截面的几何形状都不一样，因此制造难度较大。

为解决这一难题，波音鬼怪工厂创新性地提出了PRSEUS概念，它通过将框架和桁条缝合到飞机蒙皮上而有效地制造复合材料结构。其中，框架和桁条提供连续的传力路径，而尼龙缝合阻止撕裂（见图3-9）。

PRSEUS具有结构重量轻，成本低，承弯剪能力强，可以使蒙皮做得很薄等优点。据波音公司评估，采用PRSEUS结构制造的BWB布局飞机机舱比使用普通夹层复合材料制造重量要轻28%左右。为了研究蒙皮／桁条／框架一体化的PRSEUS结构用于飞行器上的潜在优越性，波音用一架BWB气动布局飞机验证该结构技术。图3-10所示为BWB布局飞机的基线材料／结构分解情况示意图。

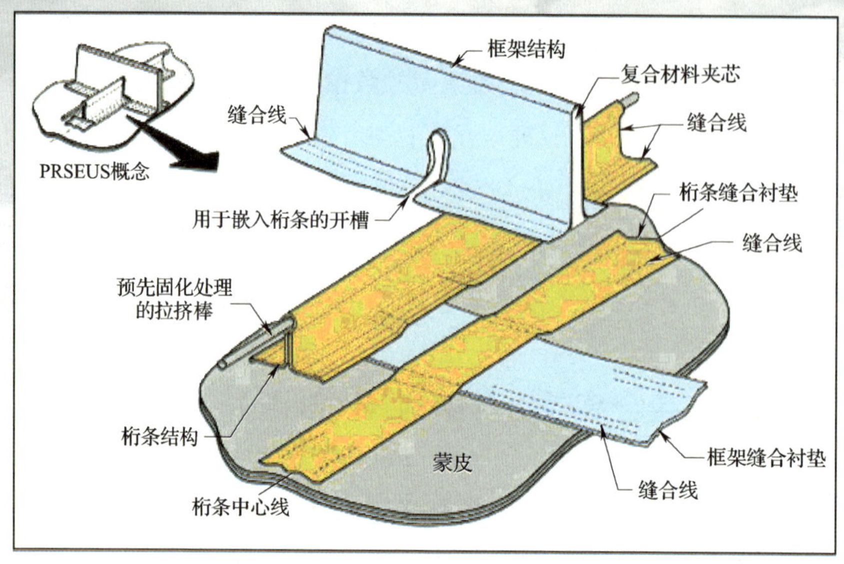


图 3-9 典型的 PRSEUS 结构示意图

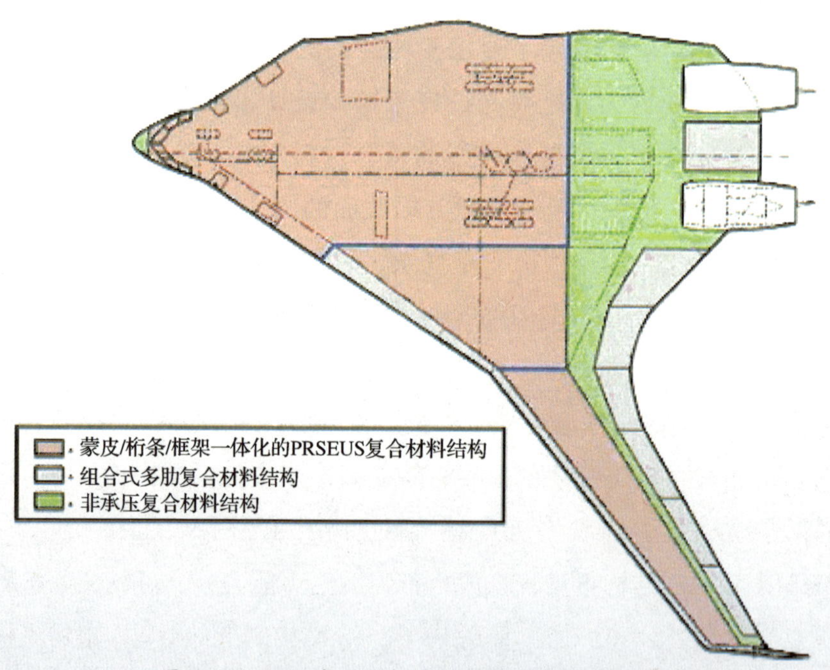


图 3-10 BWB 布局飞机基线材料 / 结构分解图

波音鬼怪工厂的 PRSEUS 方法属于工业界广泛推广的非热压罐固化生产承载复合材料结构技术。实际上，洛克希德·马丁的臭鼬工厂已经利用非热压罐固化环氧树脂制造并试飞了 X-55 全复合材料货机，但波音鬼怪工厂开展

缝合复合材料制造技术研究的时间已超过 10 年，PRSEUS 方法只不过是他们“厚积薄发”的结果。图 3-11 展示了波音缝合复合材料技术发展历程。图中的 LAIRCM 项目为 2003 年 1 月美国空军实施的为 C-17 运输机安装新型导弹防御系统的项目，计划为 12 架 C-17 安装诺斯罗普·格鲁门公司大型运输机红外干扰（Large Aircraft Infrared Countermeasures，LAIRCM）系统。LAIRCM 系统结合对抗红外制导导弹的 AN/ALE-47 干扰系统，将更有效地保护飞机免遭导弹攻击。

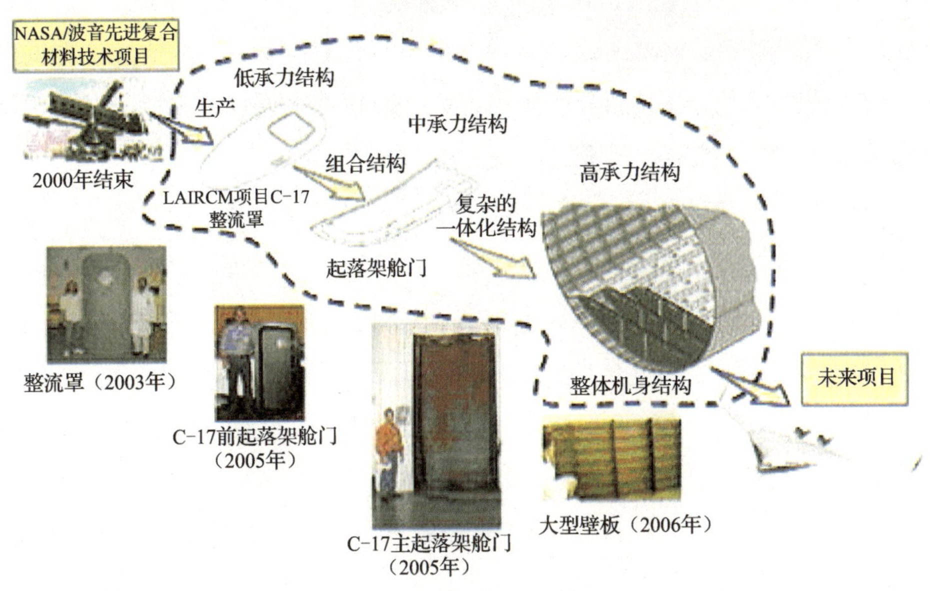


图 3-11 波音缝合复合材料技术发展历程

### 3.5.3 先进轻型飞机机身结构（ALAFS）

早在联合先进攻击技术（Joint Advanced Strike Technology，JAST）项目（即联合攻击战斗机 JSF 项目的前身）实施期间，美国军方就开始推动一项称作 ALAFS 项目的研制工作，目的是以 F/A-18E/F 的机翼和中机身为研究对象，对通过整体化结构的设计方案和制造工艺来降低战斗机机身结构的重量和寿命周期成本的技术进行验证。项目的承包商为麦道公司，而实际的研究工作主要由鬼怪工厂来开展。

传统的飞机结构是由无数小型零部件经机械装配而成的。尽管独立装配通常都很简单，但装配过程需要付出大量人力，使用各种装配工具和成千上万的紧固件。采用太多零部件会造成结构不连续、效能降低和重量增加，且紧固件组装的结构还容易腐蚀并诱使结构产生疲劳。先进复合材料与合金技术的发展在实现飞机结构整体化设计方面显示出了良好的潜力，即同样满足飞机技术要求的结构将通过更少且更大的部件来实现。不过更加整体化的结构也会给设计人员带来较大的挑战，为了更好地利用轻型先进复合材料，结构设计方案必须强调平滑、连续和分布载荷。由于起落架、武器挂架、发动机以及子系统的安装要求造成了大量集中载荷，因此，在非常有限的空间内，要做到集中载荷平滑过渡到分布载荷，就必须在方案设计上采取一定的措施，也必须考虑实现有效整体结构的制造工艺。

鬼怪工厂在方案设计中，采用的方法是将机翼蒙皮黏结到翼梁上，用树脂传递模塑（Resin Transfer Molding，RTM）工艺来制造复合材料翼梁和机身隔框部件。树脂传递模塑工艺又称树脂压铸成形工艺，在西欧也称为树脂注射工艺，它属于复合材料的液体成形工艺。其基本原理是：在一定的温度、压力下，低黏度的液体树脂被注入铺有预成形坯（增强材料）的模腔中，浸渍纤维，固化成形，然后脱模。

鬼怪工厂的 ALAFS 方案具体做法是：选用碳和玻璃纤维混合层压板制作蒙皮结构以有效改善冲击生存性。机翼上下蒙皮采用被称为“纤维取向”的精密铺放形式来制造，而且设计上还要求玻璃纤维束与石墨融为一体。翼梁大部分由树脂传递模塑法来制造，但铝制的内段除外，因为 F/A−18E/F 翼梁在此处的突出部要承受很高的面外冲击载荷。翼梁的制造中加入三维织物被看做是提高翼梁设计生存力的关键，类似的设计也用于了机身隔框上。此外，还设计了凸缘结构以使机翼与机身的连接更加有效。为了保证生存性，机翼下蒙皮设计成黏合到翼梁上，机械紧固件也被固留在黏合层中。为了在装配和维护期间便于接近机内子系统，用纤维铺层制造的上蒙皮主要是通过机械连接装配。主要的机身隔框、隔板以及机翼武器挂架，都由铸件和热等静压（Hot Isostatic Pressed，HIP）处理钛合金制造。限于铸造技术，隔框不能整

体铸造，而是设计成搭接件，然后采用电子束焊接。其他一些不承受机翼弯曲载荷的隔框均由树脂传递模塑工艺制造成复合材料轻型框。含有一种称作“Syncore”泡沫芯（Syncore 是美国 Loctite 公司位于加利福尼亚州的航空航天分公司为 F-35 提供的一种合成泡沫）的复合材料夹层结构被用于发动机进气道部位，进气道纵向分割为 3 块 Syncore 夹层结构。尽管该种复合材料夹层在重量上比传统层压板结构轻，但选择泡沫芯的原因主要还在于它可以大大降低装配成本。这很大一部分可以归功于纤维取向制造技术，这种技术使得纤维束可直接铺设于整个泡沫板上。

鬼怪工厂的创新成就可使 F/A-18E/F 的机翼和中机身与传统铝、钛合金结构相比重量要减轻 20%，而寿命周期成本减少 30%。

### 3.5.4　数学分析与信息处理软件

在鬼怪工厂创新研发的新技术累累成果中，有不少数学分析与信息处理软件，它们在支持波音产品的设计、制造等过程中发挥着十分重要的作用，稀疏最优控制软件（Sparse Optimal Control Software，SOCS）就是其中著名的软件之一。

SOCS 是一种多用途软件，主要用于处理优化控制问题，可应用于包括弹道优化、化学过程控制和机床刀具轨迹定义等领域。该软件采用最先进的稀疏线性代数理论来解决超大型优化问题，运算速度比传统方法要快得多，利用桌面计算机就能有效地解 100000 多个变量和约束的问题。

SOCS 的关键计算核心是稀疏非线性规划算法软件 SPRNLP 和 BARNLP。SPRNLP 算法软件采用扩展拉格朗日价值函数与保护线搜索来实现序列二次规划（Sequential Quadratic Programming，SQP）算法，SPRNLP 能够兼容非线性等式约束和不等式约束以及简单界。BARNLP 算法软件与广泛采用的滤子方法相结合来实现稀疏对偶内点算法。

SOCS 作为稀疏非线性规划（Nonlinear Programming，NLP）软件包拥有主要独特功能包括：

- 自动网格细化。网格点与离散化方法可自动选择，以满足用户的解算

精度要求。

● 多种离散化方法可供选择。可用的离散化方法多达 10 种，包括：Euler 离散法、梯形离散法、显 Runge-Kutta 离散法、Hermite-Simpson 离散法、线性多级离散法以及解析扩展离散法等。

● 样条解。最优解（状态与控制）以三次 B 样条表示，以便于修改与标示。

● 直接法。不需要大多数应用所需要的伴随方程。

● 间接法。如果得到伴随方程，SOCS 能够用于解（多点）边界值问题。

● 轨迹等式约束和不等式约束。SOCS 兼容常规轨迹约束，不需要预先推测约束子弧。

● 稀疏性自动确定。用户不需要定义 Jacobian 和 Hessian 稀疏性。

● 右手侧稀疏性。自动计算用户特定的微分（代数）方程的稀疏性，这就可以允许数百种开放式动态引擎（Open Dynamics Engine, ODE）的应用，包括偏微分方程所定义的应用。

● 稀疏有限差分导数。SOCS 可自动为用户的应用建立一阶和二阶导数。

● 灵活的应用接口。用户只要提供计算微分方程的软件、轨迹约束和边界条件，其余的工作就交给 SOCS 来完成。

● 多段处理。SOCS 能用于多段和 / 或多轨迹的应用处理。

● 广泛的适用性。SOCS 已经成功地应用并解决的问题包括：航天轨迹设计、机器人与机床刀具的轨迹设计、化学过程控制、偏微分方程分布参数控制、混沌微分方程、时滞微分方程。

● 航天轨迹。SOCS 已经与以下两种软件完全集成：隐式仿真优化轨迹软件（Optimal Trajectories by Implicit Simulation, OTIS 3.0）的轨迹优化软件包；航空航天轨迹优化软件（Aerospace Trajectory Optimization Software, ASTOS）。

● 通用优化控制。以仿真与优化图形环境软件（Graphical Environment for Simulation and Optimization, GESOP）提供应用，该软件为图形用户界面软件。

- 非线性参数估计。可用于解涉及离散时间点测量数据的“反问题”，这类问题包括：轨道确定、轨迹重构。

## 3.6　以创新拥抱明天

波音公司的企业文化强调创新与变革。在它的年度报告中提到，公司给予员工的知识和技能不仅仅是让他们去应对变革，还要掌握变革，主动推陈出新。波音的鬼怪工厂可以说是波音创新的源泉，它规划着波音的未来。

鬼怪工厂的使命便是以“鬼怪式”的创新思维帮助各业务公司解决技术难题，进而提供创新的解决方案。鬼怪工厂是波音公司的研发机构，浓缩了波音百年敢于人先、高瞻远瞩的精神。在美国，有4000多名波音公司员工投身于波音特种工程事业，他们从事着近500个高科技项目的研究。许多创新技术能够为未来系统的开发节约大量的时间和成本。这些未来系统包括：鸭式旋翼／机翼、翼身融合式运输机、空间机动飞行器、太阳能轨道转移航天器、轨道快车、高级战区运输机和无人驾驶战斗机等。

“创新的前提是要创造一种勇于承担风险、勇于拥抱失败的学习和工作环境。”鬼怪工厂创新的主体是整个团队，引领团队突破重重难关，最终将创新理念孵化成现实的是鬼怪工厂的管理者。波音鬼怪工厂的历任管理者都是创新文化的信仰者，他们相信：

- 创新是一种团体项目，而不是个人项目；
- 创新不是纯粹的技术创新，在商业发展的每一个领域，都能够和应当创新；
- 大多数创新都来自循序渐进式的革新，而非飞跃式进步；
- 大多数创新的源泉都是来自对客户的深入了解；
- 需要魄力对许多项目及早说“不”，同时集中精力大胆推进其他许多项目。

2007年，波音公司定义了所期望的领导者特质，确定了领导者的六大特质：

- 为团队确定方向和目标；
- 制定高期望值；
- 激励他人；
- 想方设法解决问题；
- 贯彻波音价值观（核心是敢于为客户和波音公司的利益做正确的事情）；
- 用结果说话。

波音要求领导者有锐意进取的心态，这种思维方式将奠定企业文化的基调，尤其在培养个人的领导力方面。

拥抱创新，抢占先机，把握高科技的发展脉搏，制定正确的发展战略进而贯彻实施。这是波音鬼怪工厂管理者的管理之道，也是波音鬼怪工厂的成功之门。

# 第 4 章 鬼怪工厂的试验技术与方法

飞行器试验验证是飞行器研发过程中不可缺少的关键环节之一，鬼怪工厂在长期的飞行器研发与预研工作中，或独立或与协作单位合作开发了不少新颖的试验技术与方法，并应用于型号研制工作中。目前，还没有发现公开而系统介绍鬼怪工厂研制的飞行器所采用的先进试验技术与方法资料，我们只能从公开介绍其研制型号的有限文献中挖掘、整理和分析相关信息，以管中窥豹，借鉴参考。

## 4.1 X–36 的试验验证技术

X–36 是一架 28% 缩比无人试验飞行器，须满足最小的机内体积和高动态响应的要求，用于验证全尺寸飞机的许多功能，因此使得飞行器的系统设计和综合更为复杂。X–36 由鬼怪工厂负责研制，采用了许多低成本的制造方法，主要验证了系统综合试验及飞行控制律试验技术等。经由 X–36 验证的许多技术与设备都在后来的 X–50 上得到了应用。

### 4.1.1 系统综合试验技术

X–36 验证机需要综合的子系统包括航空电子系统、飞行控制系统、液压系统、电气系统、燃油系统及环境控制系统。X–36 整个研发计划的各个阶段贯穿了综合产品开发（Integrated Product Development，IPD）过程，鬼怪工厂组建了一支小型团队来负责 X-36 的设计、制造、系统综合以及试飞。不同人员之间一直保持着良好的沟通，以保证在实际的制造和综合过程中，所有系统均能很好地协同工作。综合工作过程是先对有关系统、部件、装置等逐一进行功能验证，然后再逐步集成并验证。

(1) 部件成熟度测试

部件成熟度测试是在单独的环境下对部件进行测试，以验证每个部件均已准备就绪，可以进入下一级的综合。测试的部件有综合飞行管理装置、飞机接口单元、地面数据终端、地面控制站及数据记录装置等。

①综合飞行管理装置

综合飞行管理装置（Integrated Flight Management Unit，IFMU）由霍尼韦尔系统公司提供，包括一个环形激光陀螺仪、一个基于固态加速度计的惯性测量模块（Inertial Measurement Module，IMM）、一个 GPS 接收机以及用于 GPS 辅助导航和系统支持的系统软件等。测试 IFMU 的目的是验证 IMM、GPS 和霍尼韦尔所提供系统软件的正确性及工况。IFMU 被放置在比奇飞机公司“空中国王”B100 上，通过一系列的机动飞行来验证其感知运动和导航（带与不带 GPS 辅助的情况下）的能力。同时还在动态角速度与加速度试验台上对 IFMU 进行测试，以确定加速度计和速度传感器的频率响应。实际飞行之前，IFMU 会在实时的仿真环境中工作将近 1500h。

②飞机接口单元

测试飞机接口单元（Aircraft Interface Unit，AIU）的目的是验证其处理控制律、接收和传送数据、控制舵面作动器、感知模拟信号和离散信号、指令离散输出以及测量压力和温度的能力。AIU 须进行温度和振动飞行环境安全性测试，并于实际飞行前在综合试验中测试将近 1500h。在软件开发、验证以及确认过程中，对 AIU 的测试包括其所有模式以及输入 / 输出的试验台和机上测试。

③地面数据终端

地面数据终端（Ground Data Terminal，GDT）是一套地面跟踪天线

系统，由一台上行链路发射机、两台下行链路接收机和一个基架控制器组成。GDT 和地面站之间的链路是光纤链路，传送数字数据和 RS-170 视频数据。对 GDT 的测试在天线试验场里进行，在对上行和下行链路能力进行验证的同时，还一并确定碟形跟踪天线的天线方向图。在将 X-36 飞机运至美国 NASA 德莱顿飞行研究中心准备进行飞行试验之前，还要进行多次天线跟踪测试，包括：牵引测试（由一辆拖车牵引飞机穿过主跑道和应急跑道）和直升机测试（由一架 UH-1 直升机吊载 X-36 飞行，飞行高度达平均海平面高度 5000ft，飞行距离为 20mile）。

④地面控制站

地面控制站（Ground Control Station，GCS）是所有数据传输的中枢系统。为此要开展一系列测试来验证所有数据信号的时分多路传输定义在标识和标度方面均正确无误。控制 GDT 的数据传输验证是在多条数据通道之间进行的，测试还包括对飞行操作员为控制飞机而输入的模拟和离散信号的相位调整以及标度确定进行的验证。部分测试是自动进行的，以完成带有计算机提示的飞行前 GCS 测试，并检查操作员干预的参数。

⑤数据记录装置

通过在仿真过程中对两个数据总线进行持续的记录来验证 PC 机数据记录装置的数据处理能力。这是一个端到端的测试，测试中所记录的数据被传输至个人计算机供后期处理使用，在监控器上对其进行处理和查看，或者对其进行打印，以验证数据系统的工作情况。

（2）仿真试验

在 X-36 开发过程中采用了多个层级的仿真，如离线仿真、基于计算机仿真以及硬件在回路的仿真等，以此为试飞做准备。

①离线仿真

X-36 飞行控制律的初始设计是通过采用离线、非实时的仿真来进行的。这些离线仿真表明飞机可满足该项目计划中提出的性能要求。

②飞行员参与的仿真

对初始设计模型的修正基于风洞和 CFD 气动分析数据进行。此外，推进

模型是根据威廉姆斯（Williams）公司的测试数据和分析来开发的。飞行员在实时仿真的环境下对飞行品质进行了评估，其后对控制律进行进一步的修改完善。

③硬件在回路的仿真

硬件在回路的仿真（Hardware-in-the-Loop-Simulation，HILS）开展了试验台 HILS 和飞机 HILS。试验台 HILS（见图 4-1）包含了六自由度的飞机模型、飞行员座舱、飞机的各类电子仿真（如作动器、模拟和离散输入/输出以及加载在飞行评估计算机上的飞行软件等仿真）。将 IFMU 和 AIU 纳入仿真的做法为仿真飞行环境的目标硬件提供了供测试的真实载荷模块。飞机 HILS 的架构中加入了实际的飞机，由此飞行员参与的实时仿真中便可包含真实的飞机及其子系统。仿真中加入了实际的电缆、液压系统、作动器及飞行飞机的模拟和离散信号。

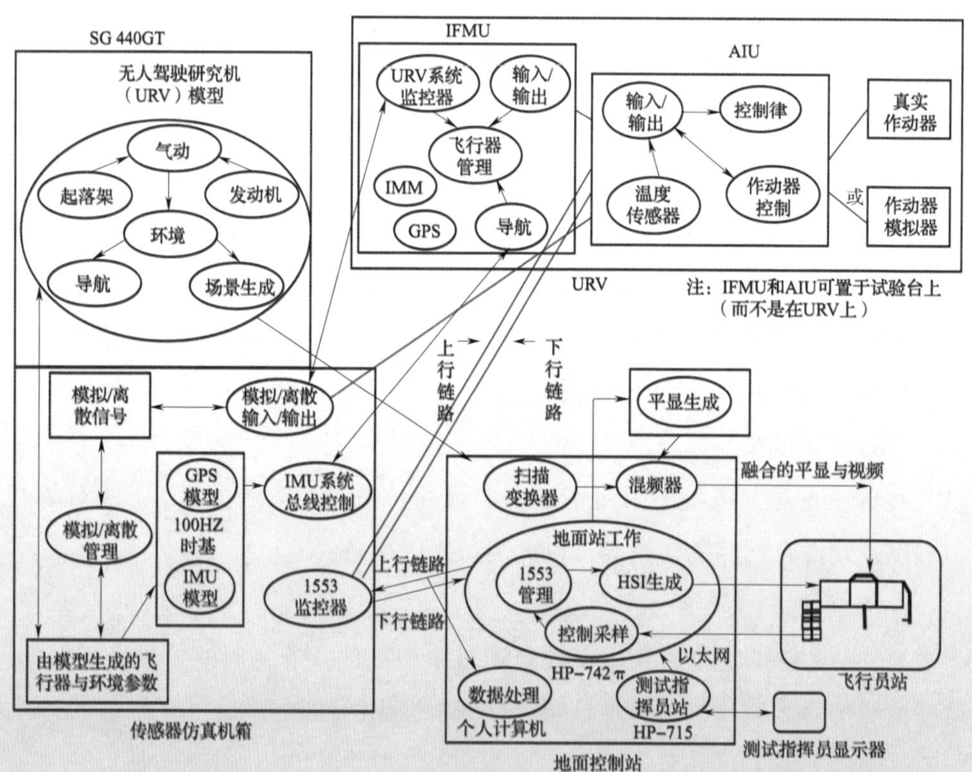


图 4-1　X-36 的试验台 HILS 架构

(3) 飞机的地面试验

X-36 的系统综合试验还包括以下一系列地面试验，每项试验均按照试验计划由系统设计师和试验团队联合开展。

①电磁干扰试验

电磁干扰（Electromagnetic Interference，EMI）试验方法是将飞机放在位于爱德华兹空军基地的 NASA 德莱顿飞行研究中心的微波暗室电磁环境中，观察飞机上所有系统的工作情况。采取该方法的原因是考虑到置信度的问题，爱德华兹基地的微波暗室可保证有效的测试结果。若将飞机置于机库环境条件下进行该测试，出现的干扰或异常就有可能是由环境导致的。

②电磁兼容性试验

电磁兼容性（Electromagnetic Compatibility，EMC）试验是采用常规方法进行的，使所有的飞机系统均处于工作状态，然后通过使每个系统以各模式循环工作的方式来查找其他系统的工作中有无异常。测试中尤其关注了循环继电器和电接触器，因为这两个设备有可能造成干扰。X-36 在地面试验中没有发现任何异常，但是在后来的初期试飞中，与起落架收放开关相关的一个瞬态导致了一个 IFMU 自检码和一个时分多路传输的错误。解决方法是为起落架的收放开关电磁阀增加了抑制二极管，以纠正该异常现象。

③天线测试

通过一系列的测试单独确认每个系统均能正常工作，从而对地面跟踪天线和机载天线进行了验证。在实际飞行前开展了以下测试来验证天线覆盖范围。

- 牵引测试

X-36 被牵引至试验场所在的湖床进行地面测试，测试地点包括湖床上的 3 条跑道和 1 条应急备用跑道。典型的测试包括在牵引过程中监控飞机、地面接收机信号强度以及数据完整性。此外，还进行了一项确定装机天线方位面方向图的测试，从而确认计算所得的数值，并验证 6 副飞机天线之间的自动切换功能。

- 吊车测试

在可能的发射和回收点将 X−36 用吊车悬挂，以确定多径效应。吊车能将 X−36 吊离湖床高达 35ft 处。来自湖床的多径消除导致了 20dB 的信号强度损失以及数据丢失，因此增加了一个低噪声放大器来增强信号强度。在飞行员参与的仿真中模拟了多径效应，其模拟方法是采用噪声信号使飞行员看不到窗口视频，并在发生多径效应期间丢失数字数据链，以此作为针对飞行员和地面站工程师训练的一种工具。仿真是作为飞机距湖床上地面天线的高度与飞机距地面天线的距离之间的函数来驱动的。仿真软件可在 X−36 丢失数据链的过程中保持其航向和下滑轨迹 3s，直到自动驾驶仪开始对飞机进行机动使其到达自主航路点。下滑轨迹限制在水平面向下最多 2°的范围内。

- 直升机测试

用一架 UH−1 直升机吊挂 X−36 在湖床上 30 ~ 500ft 的高度范围内进行升降，以进一步观察多径效应。直升机还搭载 X−36 至高达平均海平面 5000ft 的高度，飞至距离地面天线 20mile 的地方，以确定在试验场上的测距能力以及山地干扰地形的屏蔽效应。

④结构耦合试验

结构模态没有包含在控制律的开发中，因为初步分析表明，机翼和机体的结构弯曲模态高于 X−36 的控制频率。在接下来的详细设计阶段，为了减重和设计出高效的结构，使得机翼弯曲频率为 17Hz，机身弯曲为 27Hz。对这些频率进行了陷波滤波，以防止由结构反馈导致的失稳，但是这些滤波造成的相位滞后影响了控制系统的增益和相补角，导致对阶段 1 和阶段 2 的每个作战飞行程序（Operational Flight Program，OFP）均要进行大量的开发工作。由于前起落架在 9Hz 处有纵向振动效应，因此发现产生了意料之外的纵向共振频率。对该频率进行滤波会损害飞行品质，但是在轮载条件下则影响不大，此时允许滤波切换，使其对应于前起落架触地或离地。每个 OFP 都需进行结构耦合（Structure Mode Interaction，SMI）试验，以便在所有飞行控制模式的工作情况下验证整个飞行包线内的稳定性。

⑤地面振动试验

地面振动试验（Ground Vibration Test，GVT）用于确定X-36的实际结构模态。通过振动台激励飞机，采用加速度计测量产生的运动以供分析。所确定的模态有助于进行SMI滤波的进一步剪裁。

⑥发动机运行试验

X-36的推进装置选用了美国威廉姆斯公司的F112型发动机，在试飞前进行过大量试验，包括发动机与进气道、排气管路的全综合试验等。由于X-36发动机进气口离地高度大约为18in，所以最初担心来自试验场湖床跑道的尘土和渣子会被吸入，致使外来物进入发动机。为了验证是否会出现此现象，威廉姆斯公司专门进行了一项谷物试验。方法是在X-36的进气口下方铺设一块胶合板代替湖床表面，大小是X-36设计几何尺寸的2倍。在板子上划分出若干个$1ft^2$的区域，做上标记并撒布一些稻米谷物。然后让发动机开车至最大功率，同时通过视频拍摄记录下这些谷物的动态。结果只是观察到了一些涡流的紊动，并没有一粒谷物被吸入发动机。

⑦滑行试验

该组合试验包括两次滑行试验。一次是低速滑行试验，该试验最大地面滑行速度为50kn，以验证湖床上的工作程序和飞机在运动中的基本可控性均符合要求。通过差动主起落架刹车来进行转弯的演示验证，结果表明其足以良好地完成转弯任务。同时也对整个刹车系统进行验证。另一次是高速滑行试验，速度高达100kn，由此对飞机的控制进行进一步的演示验证，并使飞机抬起前起落架。试验过程中还验证了气动减速装置以及主起落架刹车。

⑧第二动力试验

由于成本的原因，X-36在开发过程中没有使用“铁鸟”。而是用01架飞机来进行一些典型的铁鸟试验，比如电源与液压动力试验。

- 电源试验

大部分电气系统综合工作都是采用地面电源来完成的，而不是利用由发动机驱动的发电机。在最终的综合试验中运用了一个可变速的电机来驱动发电机，而不是通过发动机来驱动。一台200A、28V直流起动发电机安装于一

个可变速的驱动电机上，该电机能使转速达到10000r/min。发电机与飞机电缆相连，飞机在一个“飞机在回路”的仿真模式下进行工作。这样，就可将由飞行员操纵的真实舵面工作情况作为系统的负载。备份蓄电池系统的工作也得到了验证。验证方法是使发电机掉电，让航空电子系统和液压系统的备份蓄电池来承受负载。

- 液压动力试验

用一系列试验验证液压系统驱动舵面的能力。测量出压力脉动值，将其与预测值进行比较，并测量和验证了作动器的最大运动速度，其值高于软件极限指令。同时，还验证舵面作动器的伺服控制性能，并用测量值来更新试验台HILS中采用的电子模拟作动器的性能值。此外，也要验证起落架收放和刹车工作情况。

⑨飞行终止系统试验

对飞行终止系统（Flight Termination System，FTS）工作情况的验证首先是在系统综合成熟度测试中验证继电器逻辑、时延、气压开关及供电电源。在安装有火工品的地方用自动快速烧断式保险丝替代，以验证3个供电电源均具有足够的电能。然后采用NASA试验场安控系统的射频发射机对该系统进行测试，验证接收信号的强度。由于FTS天线在X-36的底部，又靠近地面，因此信号强度弱于预期值，但仍足以供地面工作使用。据观察，在空中工作时的信号强度接近最大值。

### 4.1.2 飞行控制律试验验证技术

在X-36研发过程中，鬼怪工厂为其开发了可重构的飞行控制律。这种飞行控制方法以显性模型跟随架构下的动态逆理论为基础，采用在线神经网络自适应地调节所用模型输出和系统真实输出之间的逆误差。鬼怪工厂通过飞行员参与的硬件在回路仿真以及试飞将该控制律与X-36的基线控制律进行了对比，从而对该控制律进行了验证和评估。图4-2简略描述了X-36可重构控制律的开发、验证以及确认过程。

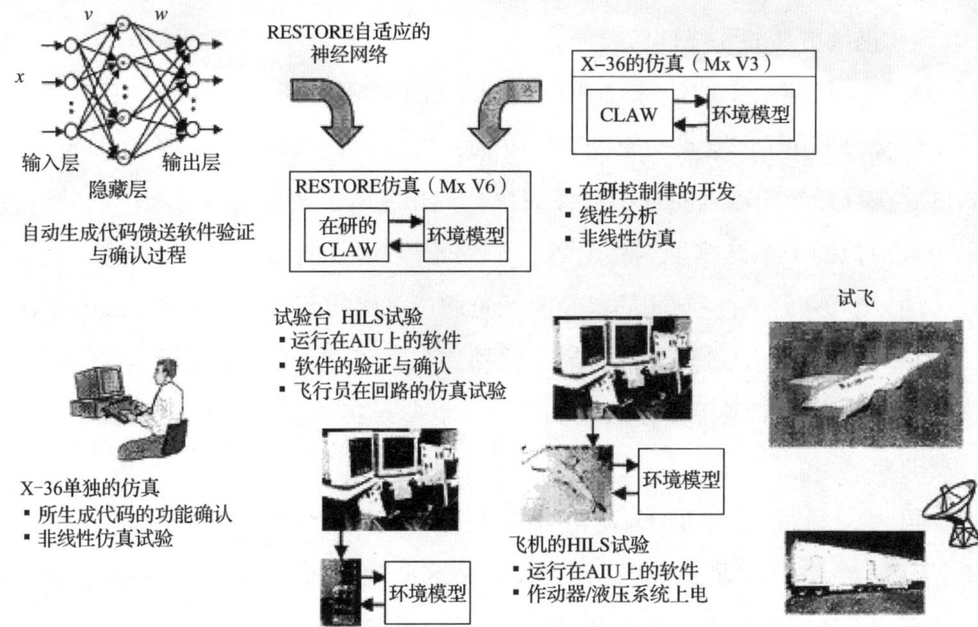


图 4-2　X-36 控制律的开发、验证与确认过程

（1）飞行控制律的验证与确认过程

X-36 的基线控制律是采用综合系统（Integrated Systems）公司的仿真和设计 / 分析工具软件包 MATRIXx 来开发的。MATRIXx 用于建模、设计、分析、仿真以及自动生成代码。自动生成的代码与手写代码相融合，以便与硬件接口，并将其写入 X-36 AIU 的控制律处理（Control Law Processing，CLAW）卡上。该项开发工作是用 MATRIXx V3.0 版来完成的。当时在研的可重构控制律的开发也是采用 MATRIXx，但 MATRIXx 已升级到 V6.0 版本，用于控制律的设计、线性分析和非线性仿真。对 X-36 飞行控制律的验证与确认过程如下：

首先，将 X-36 的控制律从隐性模型跟随架构转换至显性模型跟随架构，以便为在研控制律提供基础。此外，将自适应神经网络综合到控制律中，并在标称作战条件和模拟的控制操纵装置故障环境下进行仿真试验，以验证控制律的设计。创建了自动生成的 C 语言代码程序，可执行在研的控制律，用于软件验证和确认程序。代码首先被综合至 X-36 单独的仿真中，以便对所生成的代码进行功能确认。单独的仿真是在 X-36 项目中开发的，目的是支持 HILS 和提供更多的非线性仿真能力。

其次，将控制律软件综合到在研处理器上，开始进行试验台 HILS 的试验。试验台 HILS 试验是一个处理器在回路的仿真，同时飞行员也在回路中。该试验在目标处理器上验证了软件的执行，并提供了飞行员对控制律的评估。采用被模拟的子系统模型（作动器、传感器等）来闭合该回路，以进行飞行器的动力学仿真。对控制律的最终验证是通过飞机的 HILS 试验来完成的。该试验是对试验台 HILS 试验的扩展，回路中包含了飞机的作动器和液压系统。该试验再次进行了飞行员在回路的仿真，以验证控制律不会对液压系统提出过高的要求。

再者，利用飞机的 HILS 环境来进行 SMI 试验。SMI 试验验证了飞机结构模态是否有足够的衰减，以确保这些模态的激励在飞行中不会导致失稳。SMI 试验是在飞机处于悬挂状态下进行的，飞行控制和作动系统均上电。试验中通过操作驾驶杆和踩踏脚蹬来激励控制律，并采用快速变化的输入来促使其发挥服从指令的性能。在控制混频器的输入端，增加前向通道增益，并且重复进行该输入，直到观察到持续的操纵装置振荡。在持续操纵装置振荡之前的最大增益可用于测定结构模态的衰减（增益裕度）。

在标称的作战条件下，对带矢量控制和不带矢量控制的模态均进行了 SMI 试验。在整个飞行包线范围内对纵向、横向、航向 3 个轴向均进行了评估。其中，在所有条件下观察到的结构模态稳定性裕度至少为 6dB。在标称作战条件和模拟故障的情况下，对控制律进行了频率响应的对比，以确保结构模态稳定性的裕度不会随着控制律对模拟故障的自适应而降级。

（2）HILS 和试飞结果评估

在标称的作战条件和模拟作动器故障的情况下，采用 HILS 和试飞环境对可重构的控制律性能进行了评估。大部分试验都是在 HILS 的环境下完成，以试飞作为对 HILS 结果的最终验证。对故障的模拟通过为 X-36 所开发的可重构控制律及其基线控制律来进行，以此来对开发的可重构控制律技术进行直

接的评估。

控制律的评估是通过一系列的飞行员机动来进行的。对操纵品质的评估采用了过载为 1 的综合试验法，其中包含同时使用驾驶杆和脚蹬、俯仰姿态捕获任务、倾斜姿态捕获任务、航向稳定侧滑以及 360° 滚转机动，全部都是在过载为 1 左右的作战条件下执行的。此外，还在纵向、横向、航向 3 轴上进行实时稳定性裕度（Real Time Stability Margin，RTSM）的计算，以便在扩展包线的过程中验证每个飞行条件下的稳定性。还通过绕紧转弯和滚转改出来评估控制律在急剧多轴机动下的性能。

上述机动都是在若干标称作战条件的飞行状态下进行的，同时还模拟了作动器的故障。测试中还记录下两名飞行员提供的意见以及他们的库珀－哈珀飞行员评定等级，以此评定控制律在执行不同任务时提供的操纵品质。

针对 360° 滚转机动的情况，也收集飞行员的意见，以评估控制律在更多的动态机动中所表现的性能。但是飞行员没有针对这些机动给出库珀－哈珀评定等级，因为对滚转机动的阻止是一个倾斜捕获任务，已经包含在先前的评定等级中。飞行员主要针对转弯坐标、横轴耦合以及控制律的响应性给出意见。然后，对飞行员的意见进行评审，据此对控制律的性能进行“良好”、“中等”、“差”以及“失去操纵性”的分类。“良好”表明飞行员的意见是肯定的，没有观察到真正的问题。“中等”表明性能有降级，但是仍然在合理范围内（合理的侧滑限制等）。而“差”则表明可以在使飞机不发生偏航的情况下进行机动，但是性能最多只能算是差强人意（例如，滚转中大的侧滑偏离、大的横轴耦合、非常迟滞的响应）。

综上所述，波音鬼怪工厂对所开发的可重构控制律的验证方法主要就是：通过试飞验证硬件在回路试验中观察到的性能。在标称的作战条件和一个模拟的故障情况下（将外侧上方的右分裂襟翼锁定在 −25% 偏转处），将所开发的可重构控制律用于飞行。收集飞行员的试飞意见和实时的稳定性裕度，并将其与 HILS 试验中收集到的数据进行比较，根据其相关性做出结果判断。

## 4.2 X–37 的主要试验技术

X–37 的研制目的在于解决许多影响轨道飞行器发展的重大技术难题，包括起落架系统，飞行控制系统，飞行计算机和相关软硬件，电源系统和配电，先进综合轻型复合材料结构，热防护系统及其相关安装与密封技术，指挥、控制与通信系统及无人飞行器的飞行与地面操作等。

### 4.2.1 X–37 的研制及相关试验

（1）关键结构与舵面试验

X–37 机体综合结构的研制是一项重大成果，它由石墨 BMI 夹层复材结构制成（见图 4–3）。机腹壳体、机顶壳体、纵梁和口盖采用分段的制造方式，如此一来，大量减少了小块零件，与常规方法相比重量也实现了较大的减轻。

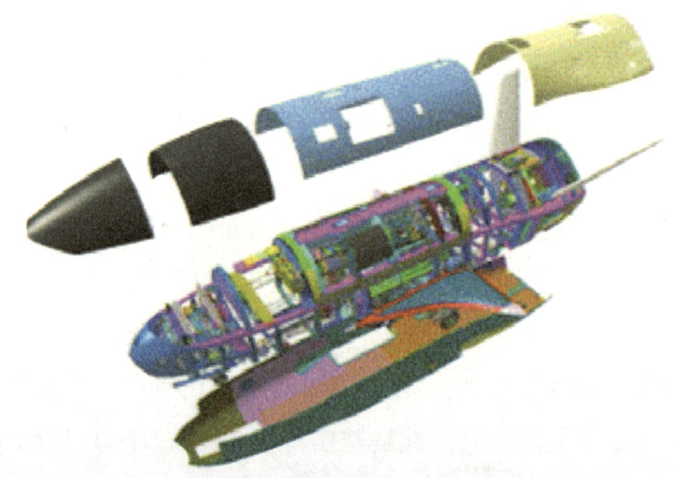

图 4–3 X–37 机体的石墨 BMI 基础结构部件

2003 年夏，鬼怪工厂成功地完成了 X–37 机体结构验证试验。在验证试验中，对飞行器加载模拟了飞行和着陆过程中的载荷（见图 4–4）。在完成了一系列试验后，机体装箱运回位于棕榈谷的波音公司总装、综合与试验厂进行内部系统安装，包括航空电子、舵面和作动器、起落架等其他装机部件。

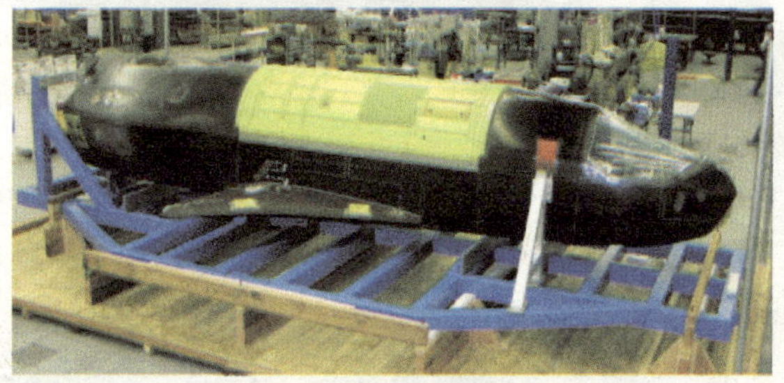

图 4–4　X–37 进行结构验证试验，并在试验后准备装箱运往棕榈谷

除机体结构外，X–37 上许多部件（如舵面）都是采用 BMI 石墨耐高温复合材料结构，该复合材料的主要优点是结构更轻并且相比常规铝材能够在更高温度下工作，因此隔热瓦和隔热层的使用大大减少。对这些部件也要进行鉴定试验，为此设计了一些大型复杂的试验台架来进行鉴定试验，以确保部件在模拟环境下得到恰当、精确的演示验证。图 4–5 所示为 X–37 的舵面试验。

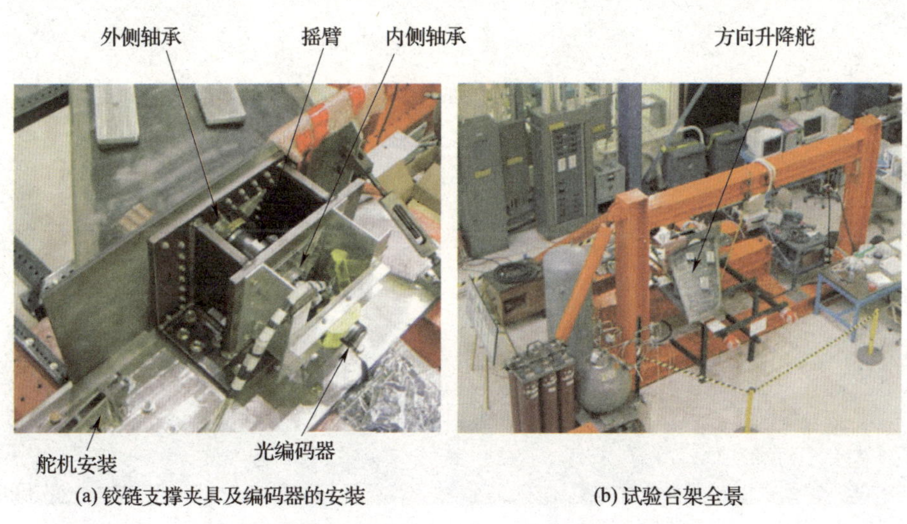


图 4–5　模拟环境下 X–37 的舵面试验

（2）子系统的研制试验

航空电子子系统、电气子系统和布线使得空天飞行器内的空间密度很大。相应地，必须研究出飞行器安装前电气系统进行自检的手段，这类试验通常被称为“线鸟台（Wire Bird）试验”。“线鸟台试验”在航空电子软件综合实

验室内进行（见图 4—6）。通过综合模拟试验发现设计问题，并在飞行器总装前得以解决，将研制风险大幅度降低。值得一提的是，这架飞行器虽小（长 28ft)，但是连接全部系统的线缆有 390 多条，可以在图 4—7 中看到飞行器机身内部布线密度非常高。

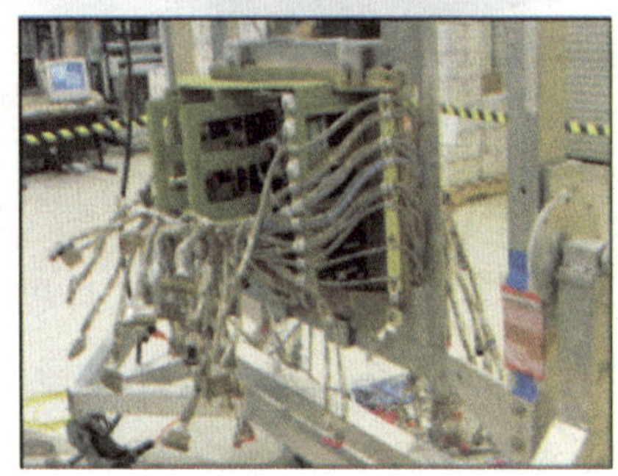
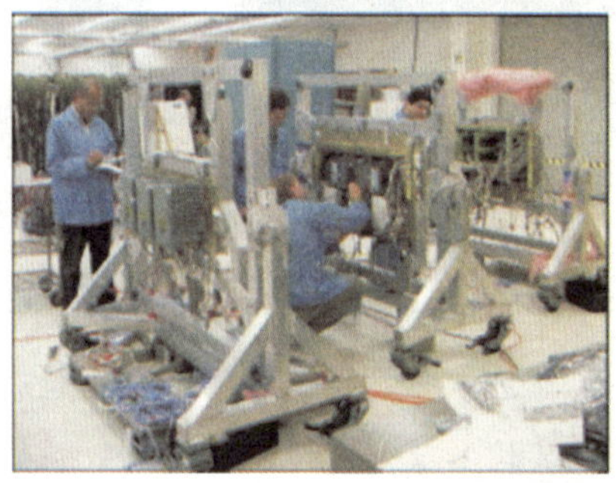

图 4—6　X—37 的线鸟系统试验

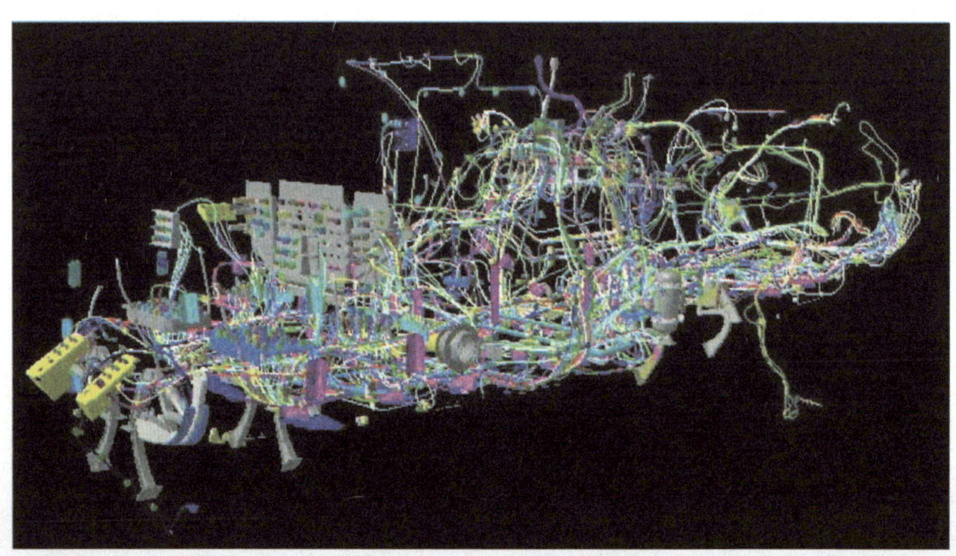

图 4—7　X—37 全系统综合需要 390 多条线缆

在进行完以上这些试验后，飞行器将完成总装，然后再进行端对端系统检查，确保软硬件系统按设计要求工作，所有部件功能正常，包括计算机、助力操纵单元、电池、飞行控制舵机等组成整个飞行器系统的其他部件（见图 4—8)。

飞行控制计算机

电池

助力操纵单元（PCDU）

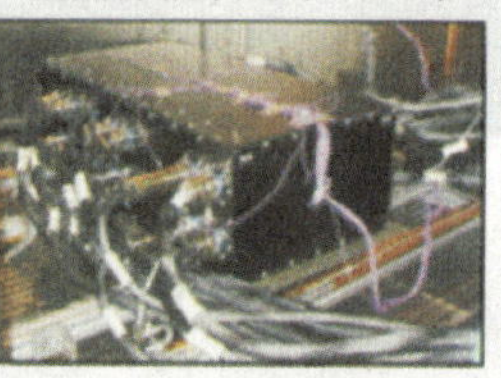

飞行控制舵机

图 4-8 X-37 的部分定型件

X-37 上共有 5 台余度计算机，其中 3 台为飞行管理计算机，用于操纵刹车、飞行控制舵机、大气数据计算机、全球定位系统。2 台为飞行器管理计算机，用来控制电力系统、收发机和 S 波段天线。飞行管理计算机和飞行器管理计算机可以跟踪上千个传感器以及测量数据。

尽管采用系统工程方法能够保证设计和性能要求，但还需要通过综合试验和验证计划进行验证。其他子系统，诸如起落架或飞行控制系统则要作为独立系统进行个别检验（见图 4-9）。所有的航空电子设备和机械装置都完成鉴定试验，线鸟台试验也非常成功，才能宣告 X-37 研制阶段完成。

前起落架轮胎

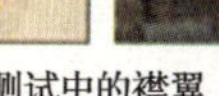

测试中的襟翼

图 4-9 进行各种试验验证子系统部件

## 4.2.2 X-37 的飞行试验技术

为了规避 X-37 挂飞与投放试验的风险，试飞前制作了一架模拟 X-37 机身外形的模型，挂载在 B-52H 载机翼下开展一系列试验（见图 4-10）。

在 X-37 的制导、导航与控制技术方面，最大的挑战来自于如何保证 X-37 安全地从 B-52H 上分离。靠近 B-52H 区域内的非定常气动效应会影响到飞行器的投放及后续进入惯性飞行剖面。为此增加了其他提高安全系数的装置，以降低 X−37 投放后再次碰撞 B−52 的潜在风险。考虑到 X−37 的升力性能，设计并试验了一种稳定伞把 X−37 从 B−52H 拉离，还设计了一整套控制系统专用于 B−52H 投放（见图 4−11）。

图 4−10　B−52H 挂架以及 X−37 模型

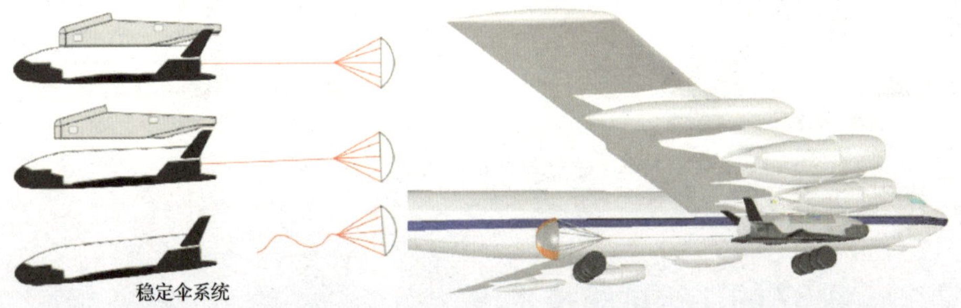


图 4−11　X−37 从 B−52H 上投放示意图

此外，还专门设计了一个挂架安装到 B−52H 上，并通过地面振动测量（Ground Vibration Survey，GVS）及其他系统试验进行检验（见图 4−12）。地面振动测量可以了解到 X−37 机翼、挂架、机身三者间的相互作用，以确保稳定伞拖曳飞行器安全分离。伞的系索长度在初期的飞行试验中确定。同时

还将安装摄像机监控伞的动向并测量动态锥角。对 X-37 由 B-52H 载机挂载和刚分离后的情况进行了大量的 CFD 分析（见图 4-13）。这些数据将用到更多研究分析中去，以确保飞行器的安全分离，不会发生再次碰撞的危险。

图 4-12　B-52H 及挂架 /X-37 模型正在进行地面振动测量

图 4-13　B-52H 挂载与投放 X-37 的气动环境 / 流场

# 4.3 X–48B 的飞行试验技术

X–48B 是全尺寸翼身融合体飞机的 8.5% 缩比型飞行器，设计目的是研究该类飞机构型的稳定性和操纵特性。共制造了 2 架 X–48B 飞行器。第一架（LSV–1）用于风洞试验以获得气动和稳定性数据。第二架（LSV–2）用于进行飞行试验。

X–48B LSV 于 2007 年 7 月 20 日进行了首飞，在 NASA 德莱顿飞行研究中心进行。以 2 种前缘构型开展了共 39 次飞行，一种是“缝翼放下”构型，一种是干净前缘即“缝翼收起”构型。另外，以 3 种不同重量条件和 3 种不同的重心位置进行试飞。由于受限于约 13USgal[①]的载油量，典型的飞行时间约为 35min。

## 4.3.1 X–48B 的飞行试验计划

X–48B 飞行试验项目是一项多方参与、联合开展的项目，参与方有 NASA、美国空军研究实验室和波音公司鬼怪工厂。按照协议备忘录中的规定，主要由 NASA 负责提供设施设备和飞行试验场地，以及负责保证场地和地面安全，而波音提供 X–48B 地面站和负责保证飞行安全、适航性及试飞任务的成功。

X–48B 飞行试验的目的主要包括：

- 评估在各种飞行条件下飞机每一轴向的稳定性和可控性；
- 确定翼尖失速开始的边界（即飞行员开始失去控制的点）；
- 评估飞机所有 20 个操纵面的动态相互影响；
- 评估在最坏的非对称推力条件下（低速、起飞构型、最小操作空重、一侧发动机关机）的控制要求；
- 评估飞行控制算法所提供的飞行特性，包括：操纵面分配和混合使用、安全飞行包线边界、非线性气动和快速机动飞行控制、起飞和着陆特性等。

① 1USgal=3.785L。

整个飞行试验计划分3个阶段开展，包含6个独立的试验批次（见图4-14）。每个奇数顺序的批次代表X-48B为“缝翼放下”构型，而偶数顺序的批次表示飞机为“缝翼收起”构型。前两个批次（包括飞行包线扩展试验）构成第一阶段。在这一阶段，飞机要进行各种机动飞行，以定义飞机远离失速状态的总体飞行能力，以及识别飞机一般的稳定性和飞行操纵特性。第三、四批次构成第二阶段。在这一阶段，要飞行更具有进攻性的机动动作，以评估飞机在更严格飞行条件下的能力，比如失速和有限的发动机功率。在这个阶段，飞机达到了可控飞行的极限。但是要注意，包线扩展工作在这一阶段继续进行，特别是在失速状态下。第五、六批次构成第三阶段。这一阶段也是飞行试验的最后阶段，将对飞机避免进入不可控的飞行状态的能力进行研究。试验的结果将用于鉴定飞行控制系统的软件算法，以防止进入不可控的飞行状态。

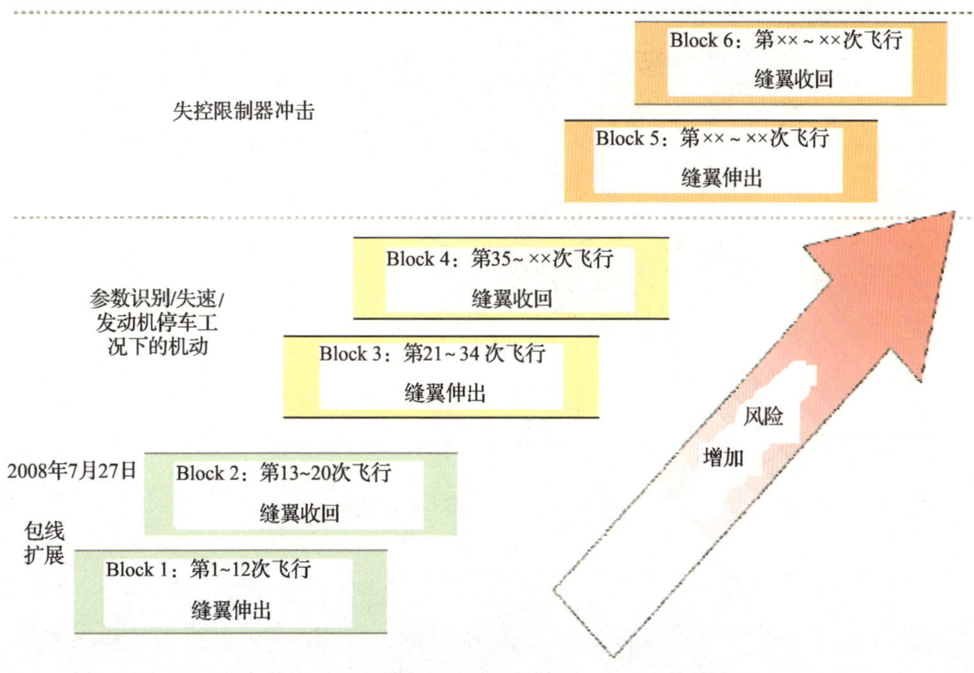


图4-14　X-48B飞行试验计划中飞行批次的定义

## 4.3.2　X-48B的飞行试验系统

X-48B飞行试验系统包含地面控制站（Ground Control Station,

GCS)、NASA 德莱顿飞行研究中心试验场、飞行试验伴机和 X-48B 2 号机 LSV-2 飞行器本身。

(1) X-48B 2 号机 LSV-2 飞行器

X-48B 的大部分结构都是由蜂窝芯碳纤维薄板制成，被注入了复合材料基体树脂。飞机的前缘缝翼用来增加起降时的最大升力，仅有一个伸缩位置，在起飞前其在伸或缩的位置是固定的，在飞行期间不能作动。在机翼和小翼后缘沿线有 20 个独立作动的操纵面，提供飞行的所有控制力。图 4-15 为 X-48B 结构图。

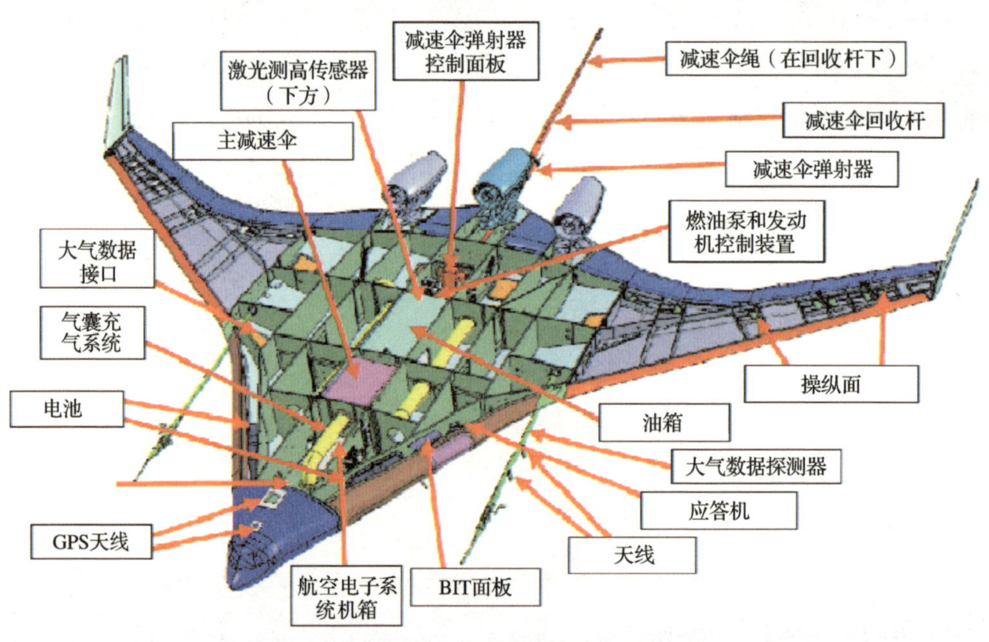


图 4-15 X-48B 结构图

X-48B 的飞行控制系统包含一个定制的飞行控制计算机（Flight Control Computer，FCC），处理飞行员命令和飞行器传感器输入，以控制飞机的操纵面。FCC 装有一套由波音公司开发的先进飞行器管理系统，包含导航、制导、传感器处理和飞行控制子系统。大约 300 个关键参数从 FCC 上以 200Hz 的帧频记录到飞机上，保证飞行任务的持续进行。

X-48B 的电源系统包含 3 个不同的电源子系统：32V 的航空电子电源子

系统、32V 的作动器电源子系统和 6V 的作动器电源子系统。32V 航空电子电源子系统和 32V 作动器电源子系统从一个外部供电系统（当飞机被拖车牵引或停在地面时使用）获得电力，或从一个机载锂电池堆（滑行或飞行时使用）获得。6V 的作动器电源子系统从一个外部供电系统（当飞机被拖车牵引或停在地面时使用）获得电力，或从一个机载镍金属氢化物电池堆（滑行或飞行时使用）获得。所有电池都通过台式电池“智能”充电器充电，并在试验前重新安装。

X–48B 的飞行能通过一个安装在飞行器尾部之外的阻力伞来终止。阻力伞的吊带绳被连接在从飞机尾部中心伸出的螺旋回收杆上。飞行终止系统由指定的机场安全员通过连接飞行器的双余度链路来激活（一条链路为机场的飞行终止信号系统，另一条链路为遥控指令上行链路）。一旦飞行终止系统被激活，流向发动机的燃油就被终止，阻力伞展开，飞机的气动面进入一个高阻力、机头轻微向下的构型。阻力伞是通过压缩氮气的冲压从阻力伞箱中弹出的。

X–48B 飞机采用带气囊的阻力伞回收系统，这样可使在激活飞行终止系统后回收飞机的时机更加合理。回收系统由传统的尼龙纤维阻力伞制成，与应急逃生设备的工业标准一致。3 个气囊（2 个在主起落架的后面，1 个在前起落架的前面）在主伞展开后伸出，通过导管风扇充气。在接地后主伞被抛弃以避免对飞机沿地面滑行时造成阻力。

要保证 X–48B 的飞行需要一套完整的航空电子系统包。高质量的传感器用于收集飞机状态信息，以便进行飞行控制和飞行试验后的数据分析。一个机载指令接收器和一条机载遥控下行链路以 L 波段频谱运行。机头摄像机的视频和机载声频信号通过以 S 波段频谱运行的发射机中继给地面控制站，该发射机和空中交通管制控制器应答机一起安装在飞机上，以增强 X–48B 飞机在美国空军雷达控制设施的空间定位光学雷达跟踪（Space Positioning Optical Radar Tracking，SPORT）系统中的位置信息。一台主 GPS 接收机和一台完全独立的辅助 GPS 被综合到航空电子机架中。主 GPS 接收机通过遥控下行链路提供飞机的位置和速度信息。辅助 GPS 发射信号给地面机场安全员使用的接收机。

X-48B 的控制系统作动器包含内置的位置传感器，负责把位置信息反馈给控制系统。共有 20 个操纵面传感器的信息输入到飞行控制计算机。X-48B 上采用了 2 个大气数据探测器，每个都包含可以测量总压、静压、静温、迎角和侧滑角的仪器。激光测高仪用于飞机起降期间控制律模式的改变，并在高度为 70ft 以下时给飞行操作员离地高度的读数。安装在飞机上的一个惯性测量装置（Inertial Measurement Unit，IMU）通过把 3 个轴向加速度和角速度与 GPS 数据实时融合，可提供更高精度的飞行器位置和方位信息。机上发动机的转速和排气温度数据通过系列接口直接取自发动机控制装置（Engine Control Unit，ECU），并遥测发送给地面控制站。

（2）X-48B 地面控制站

X-48B 地面控制站能以 3 种模式操作：飞机飞行模式、飞行模拟模式及硬件模拟模式。飞机飞行模式支持这里所说的飞行操作。在该模式中，飞行员用常规的操纵杆、方向舵和油门控制杆通过遥控和遥测系统来控制操作 X-48B 飞机。在飞行模拟模式中，地面控制站扮演真实软件模拟器的角色，以辅助飞行员和人员训练。模拟模式用于在实际飞行试验之前演练所有的飞行任务。这是一个关键的安全步骤，是从许多遥控驾驶的飞行器项目开发经验中得出的结果。最后，在硬件模拟模式中，地面控制站与硬件模拟试验台连接，该试验台包含飞机所有的控制系统硬件部件和大部分的关键仪器仪表设备。这种模式主要用于验证和鉴定新发布的软件以及硬件集成和鉴定工作。

X-48B 地面控制站拥有 4 个内部操作员工作站和 3 个外部监控工作站。4 个内部工作站分别是飞行员、机场安全员、试验管理员和试飞工程师工作站。3 个外部监控站分别是地面控制站工程师、飞行器跟踪操作员以及实时稳定性裕度（RTSM）工程师工作站。其中，RTSM 工作站是用 1 台运行 MATLAB 软件的桌面 PC 机监控飞行中飞机的 RSTM。RTSM 工程师能够通过 RTSM 系统处理接收到的近实时遥测信息流数据，并立即观察到处理结果，同时飞机仍在飞行中。

在 X-48B 地面控制站内有 5 种类型的显示器。飞行员的主飞行显示器为 HUD，它显示带有典型 HUD 符号重叠的飞行器机头摄像机视频图像，

把关键参数提供给飞行员。在HUD之下是一个下视显示器（Head-down Display，HDD），包含与HUD类似的数据，但不采用机头摄像机视频图像。一个地图显示器安装在HUD的右边，提供飞机的位置和轨迹的态势感知。地图显示包含地形边界、跑道标记和在启动应急降落伞回收时预测的冲击面积。一个特定的显示器安装在HUD的左边，用于显示告警、发动机状态、燃油状态和蓄电池情况。还有一个触摸屏显示器安装在地图显示器的下方，上有软件按钮用于指令操作模式和预编程的机动选择。图4-16为正在进行X-48B飞行操作的地面控制站内情况。如图所示，飞行员（中）正在使用平显观察飞机的前向情况，同时使用的还有飞机关键性能指示器，以及较低位置的下视显示器。右边的试飞工程师正通过触摸屏显示面板与飞机进行信息交互。左边可见机场安全员，他要确保飞机在机场边界范围内的飞行安全。

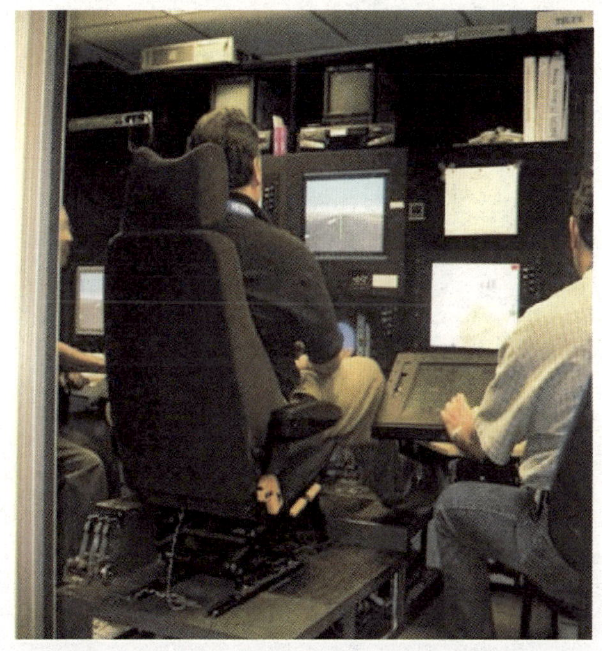

图4-16 正在使用中的X-48B地面控制站

(3) 飞行试验伴机

NASA德莱顿飞行研究中心将T-34飞机用作飞行试验的伴机。伴机的主要作用是为飞行员提供更多的态势感知来源，其次它能把X-48B飞机的位置和轨

迹提供给机场安全员，以进一步提高飞行安全性。在整个飞行过程中，伴机飞行员直接与X-48B飞行操作员联系，中继X-48B的位置、方向和通用飞行特性信息。此外，伴机还能在飞行过程中拍摄下X-48B飞行试验的照片和视频。

(4) NASA德莱顿飞行研究中心试验场

X-48B飞行试验计划中的所有飞行都是在NASA德莱顿飞行研究中心的西部航空试验场（Western Aeronautical Test Range，WATR）进行。WATR使用的是爱德华兹空军基地提供的空域和地面飞行试验设施，并为飞行试验提供后勤保障和通信资源。WATR拥有遥测、光学跟踪、机场安全保障和通信设施。

所有飞行试验都是在遥控操纵飞机（Remotely Operated Aircraft，ROA）工作区开展，位于爱德华兹空军基地的北边。ROA工作区包含一个不规则形状的、对民航封闭的、受控的空域，平均海平面高度10000ft，位于北纬34.92°～35.02°和西经-117.78°～-117.88°之间。图4-17显示了该试验场目前的有效工作区。跨工作区的最长直线距离大约是5.5n mile。

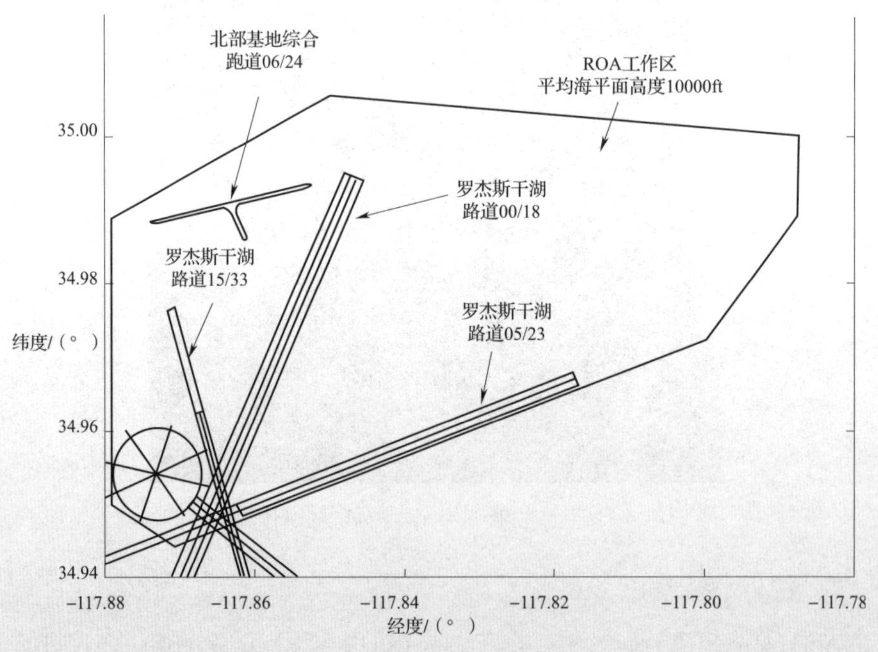


图4-17　爱德华兹空军基地ROA工作区

一部分飞行试验在 WATR 试验场的干湖床跑道上进行，一部分在飞行试验硬跑道上进行。地面控制站通过光纤调制解调器以及光纤电缆与 WATR 试验场的天线交联，并采用了几种不同的天线来支持试飞通信。其中，多频率跟踪系统（Multiple Frequency Tracking System,MFTS）和三工天线有 7m 长，可支持 L、S 和 C 波段的遥控和视频信号传输，这 2 种天线主要用于硬跑道飞行试验。如果出现 MFTS 或三工系统不可用的情况，则使用试验场第 4800 号大楼 3.7m 长的屋顶天线，并且试验改在湖床进行。当需要时，3 种天线中的每一种都能接入到射频链路中。遥控上行链路和遥测下行链路使用的是 L 波段频谱，而飞行器视频和声频则是通过 S 波段频谱的下行链路传输的。

试验场的飞行终止系统（Flight Termination System，FTS）发射机用于在需要时中止 X-48B 飞行，由机场安全员通过地面控制站中的 FTS 面板手动发出指令执行。FTS 发射机功率冗余达 1000W，工作于超高频波段，支持所有的飞行试验。因此，在飞行试验过程中，负责 FTS 发射机的技术人员要时刻监控系统的健康状态，并在发生故障时提供帮助。另外，系统健康状态是带有时间戳的，并实时记录到基于个人计算机的数据日志中。

在飞行试验中，要使用一系列固定和移动的摄像机系统拍摄任务视频，用于飞行监控和安全检测。这些系统包括一个远程、广播级品质的高清光学跟踪系统和一辆可运动、广播级品质的电视视频转播车。通过数字式视频转换器把任务视频路由到地面控制站中，并将数字视频文件存储到 DVD 上。

## 4.4　X-51A 试验技术与方法

2004 年初，美国空军开始实施 X-51A 超燃冲压发动机验证机研制计划，最终普·惠公司／波音鬼怪工厂联合小组获得美国空军研究实验室的合同。超燃冲压发动机验证机又称“乘波飞行器”，由波音鬼怪工厂负责机体研制和系统综合，普·惠公司为超燃冲压发动机的供应商，而助推器采用的是陆军战术导弹系统（Army Tactical Missile System，ATACMS），由助推器的主承包商洛克希德·马丁导弹与火控公司负责综合。

### 4.4.1 试验目的与措施

X−51A 项目为高超声速技术铺就了一条从理论通往实践的道路。项目依赖于试验台和实验室，对有助于全面实现新性能水平的各种新技术进行测试。项目的首要目标是通过飞行试验验证美国空军 HyTech 项目吸热型超燃冲压发动机是否能将飞行器从 *Ma*4.5 助推加速到 *Ma*6 以上。除了超燃冲压发动机的高超声速飞行，项目验证的目标还包括可缩放的超燃冲压推进系统、高温材料、机体／发动机综合、多学科优化技术。这些技术的验证能为未来高超声速导弹、高超声速系统测试、大型商业运输系统和低成本进入太空技术提供支持。

之所以要进行 X−51A 的飞行试验，一方面是因为在地面进行高速飞行模拟十分困难，全世界范围内具备条件的设施有限；另一方面，即使在设施条件最好的场地进行试验，仍然不得不做出种种妥协，比如在模型的尺寸和结构、试验周期、进气道空气的纯度、成分和凝点等方面。如果只做地面试验，试验的速度只能设定在特定的马赫数，无法获得飞行状态变化过程的情况。这样，仍然只能通过推算，得出发动机和机体综合得很好的情况下的发动机安装性能。高超声速对结构温度的挑战很大，验证主动结构冷却技术也给地面试验增加了难度。总的来说，X−51A 飞行试验的要求是通过进行飞行试验演示验证超燃冲压发动机的可操作性，检验已采用的设计准则和应用的设计工具。

X−51A 飞行试验计划在实施的过程中，一直是两大流程并行：一个是高超声速推进飞行试验，另一个则是飞行器研制工作。必须对这两个流程进行平衡推进。高超声速推进飞行试验包括采集地面试验数据，采集飞行试验数据，进行地面数据和飞行数据的关联分析，高超声速相关领域的研究以及确定高超声速飞行器设计工具。飞行器研制工作包括与载机 B−52 的综合、机体／推进系统综合、ATACMS 助推器综合、航空电子系统鉴定等。

### 4.4.2 X−51A 试飞前的地面试验

X−51A 试飞前进行了大量的地面试验、分析和模拟，包括风洞试验、静力试验、子系统及成品定型试验等。

（1）风洞试验

风洞试验主要针对巡航器与整机（巡航器上安装了级间段和助推器）分别进行，吹风次数超过3200次，测量了有关气动力和铰链力矩情况。1999～2006年间，用巡航器模型以及巡航器带助推器构成的整机缩比模型分别在美国国家技术系统（National Technical System）风洞、波音公司的多声速风洞（Polysonic Wind Tunnel，PSWT）、NASA兰利研究中心的16ft跨声速风洞、波音公司的北美航空研究风洞（North American Aviation Research Tunnel，NAART）、阿诺德工程开发中心冯·卡门燃气动力设施的B高超声速风洞等进行了试验。图4-18和图4-19为X-51A进气道试验的缩比模型。

图4-18 安装在波音公司NAART中的X-51A整机14%缩比模型

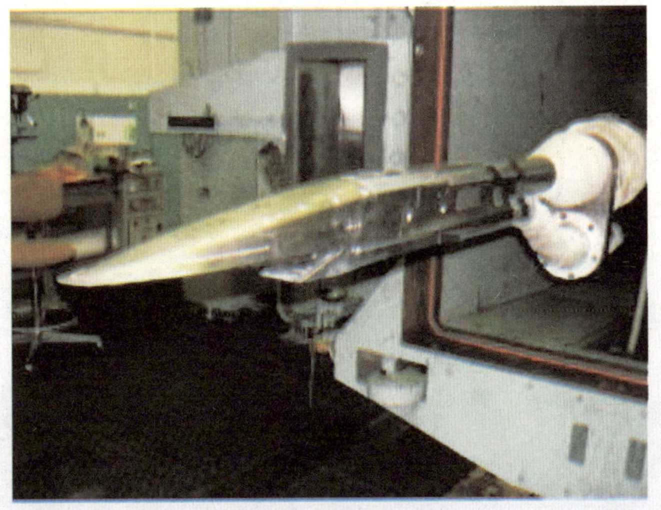

图4-19 准备进行进气道试验的X-51A的20%缩比模型

这里特别要提到的是波音公司的 PSWT 多声速风洞（见图 4-20），该风洞主要用于航空航天部件的风洞试验，可用于进行模拟各种海拔高度下亚声速、跨声速和超声速范围内的缩比模型吹风。该风洞被广泛地用来对波音公司现有的线上产品进行外形构型的升级，也为波音公司新产品的研发发挥了不可或缺的作用。

图 4-20 波音公司的 PSWT 多声速风洞

（2）CFD 计算与数据库生成

风洞试验的结果通常用来验证 CFD 计算结果，并根据需要进行修正。X-51A 项目中进行了大量的 CFD 气动力计算、3000 个欧拉解算和 500 个 N-S（Navier-Stokes）解算。共在 NASA 超级计算机上耗时 120 万 CPU（Central Processing Unit，中央处理机）小时，波音公司计算机上耗时 30 万 CPU 小时。采用的 CFD 工具包括三大类：NASA 的 OVERFLOW、N-S 计算工具（用于预测详细的气动力和力矩）；波音公司的 BCFD（Boeing Computational Fluid Dynamics）、N-S 计算工具（用于对复杂构型进行快速的高保真解算）；NASA 的 Cart3d、欧拉计算工具（用于快速生成大型数据库）。

专业数据库包括级间分离数据库（基于 N-S 的 CFD 计算，定义级间分离过程中巡航器和助推器之间的相互作用气动力）、系留挂载与发射数据库（基于欧拉 CFD [Cart3d] 计算，定义系留挂载和发射过程中载机 B-52 对

X−51A 整机气动力的影响）、载荷数据库（基于欧拉 CFD［Cart3d］计算，定义结构尺寸设计需要的气动压力和分布力）等。图 4−21 为波音 BCFD 系统的网格生成与解算过程截图。

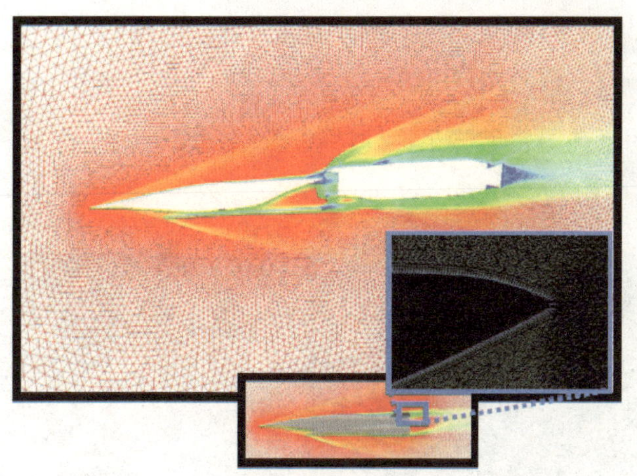

图 4−21 波音 BCFD 系统的网格生成与解算

（3）静力试验

X−51A 静力试验的目的是通过试验获得飞行器（巡航器和级间主要硬件）的载荷路径特性，对比并验证飞行器有限元模型的载荷分布情况。试验载荷加载到最大飞行限制载荷包线的 1.5 倍，要求不出现屈服或极限破裂。图 4−22 为安装在静力试验台上的 X−51A。

图 4−22 X−51A 安装在静力试验台上

(4) 子系统及成品鉴定试验

X−51A 在试飞前进行了全部子系统部件研制与鉴定试验，通过硬件在环试验验证飞行器和发动机控制系统的组合，并进行了装机、校验和机上测试。图 4−23 ~图 4−28 为其中一些试验现场图片。

(5) 系统综合试验

X−51A 的系统综合试验采用硬件在环（Hardware−in−the−Loop，HIL）方式。在 HIL 飞行器管理系统（Vehicle Management System，VMS）验证

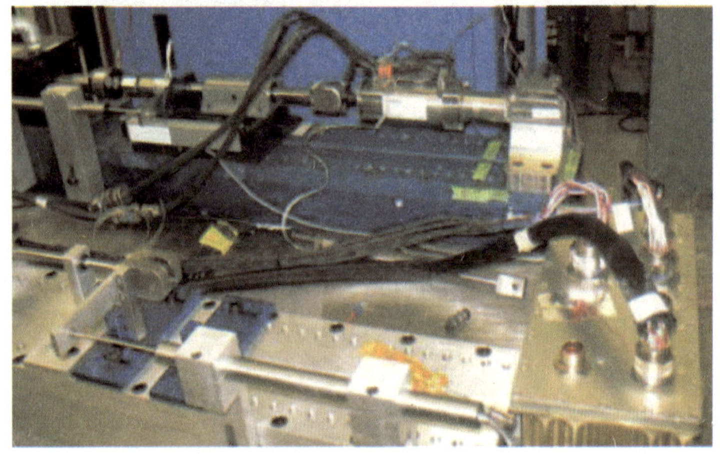

图 4−23 作动器鉴定试验

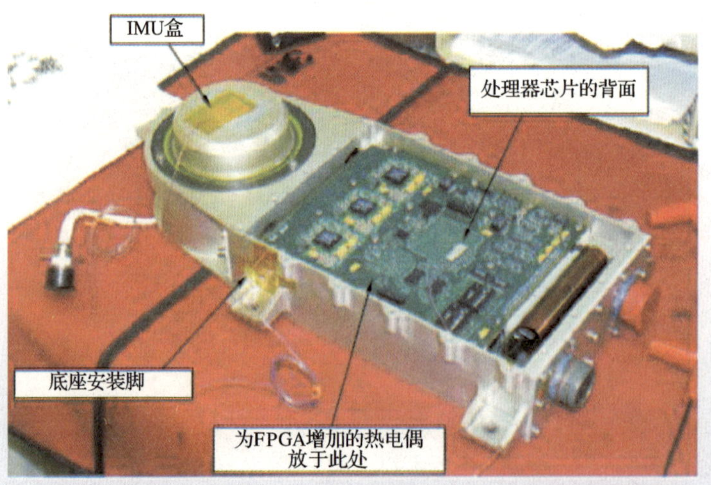


图 4−24 制导控制单元（Guidance Control Unit，GCU）鉴定试验

图 4—25　乙烯系统研制试验

图 4—26　电池鉴定试验

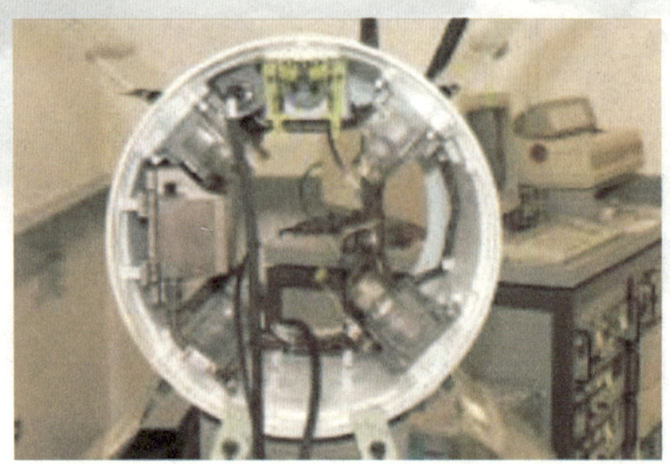

图 4-27　硬件在环试验

图 4-28　装机校验试验现场

试验中，采用的部件包括地面试验件和飞行试验件。所有主要的飞行航空电子设备都用飞行试验件，并与所有其他部件一起进行系统综合试验，在飞行软件装机之前这是其验证过程的最后一个环节。图 4-29 为波音公司的 HIL 实验室布局示意图。

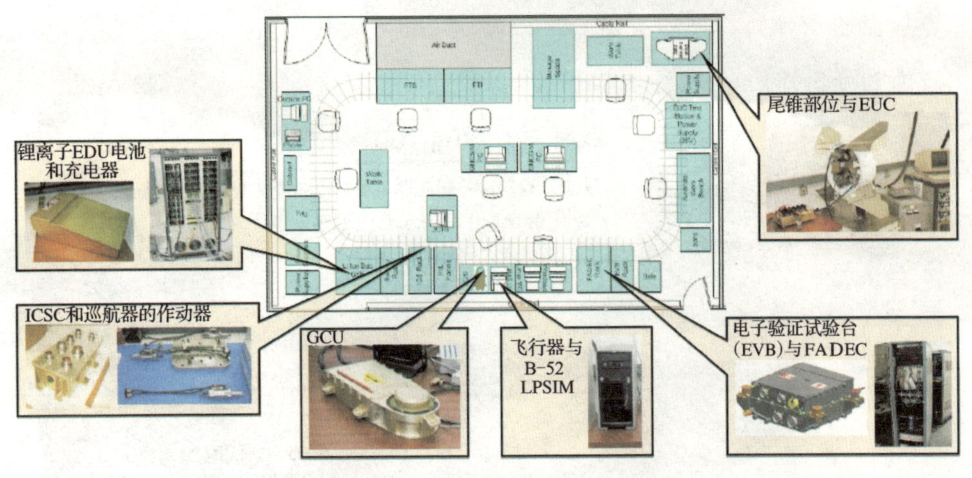


图 4-29　波音的 HIL 实验室布局

### 4.4.3　X-51A 的飞行试验

X-51A 在试飞之前制订了详细的试飞任务计划，开展了大量的准备工作，并进行了相关工作部署，以确保试飞的顺利进行。

（1）制订试飞方案

X-51A 的试飞在美国加利福尼亚州的海军航空站穆古角海军航空兵作战中心（Naval Air Warfare Center，NAWC）靶场进行。与 X-43A Hyper-X 计划相似，高超声速飞行器先由亚声速载机挂载升空，火箭助推到超燃冲压发动机工作需要的高度和马赫数，才能获得超燃冲压发动机的工作速度。但是与 X-43A 不同的地方在于，X-51A 将从助推获得 *Ma*4.5 的速度，然后再在超燃冲压发动机的工作下加速到 *Ma*6 以上。X-51A 整机将挂载到美国空军飞行试验中心第 419 试飞大队的一架 B-52H“同温层堡垒”的左侧机翼下。一根可挂载重量 4000lb 的重型外挂改装梁（Heavy Stores Adapter Beam，HSAB）安装到 B-52H 的挂架下用于挂载 X-51A（见图 4-30 和图 4-31）。X-51A 使用标准的 JDAM 投放程序进行投放。

（2）验证与评估试飞方案

X-51A 在试飞前进行了一系列保障试飞安全的分析与试验，包括 B-52H 挂载 X-51A 构型的颤振分析、X-51A 安装接头的结构分析、推进器部分地面点火试验、弹射挂架点火试验，以及 X-51A 从 B-52H 上发射后是否会发生碰撞的分析评估。

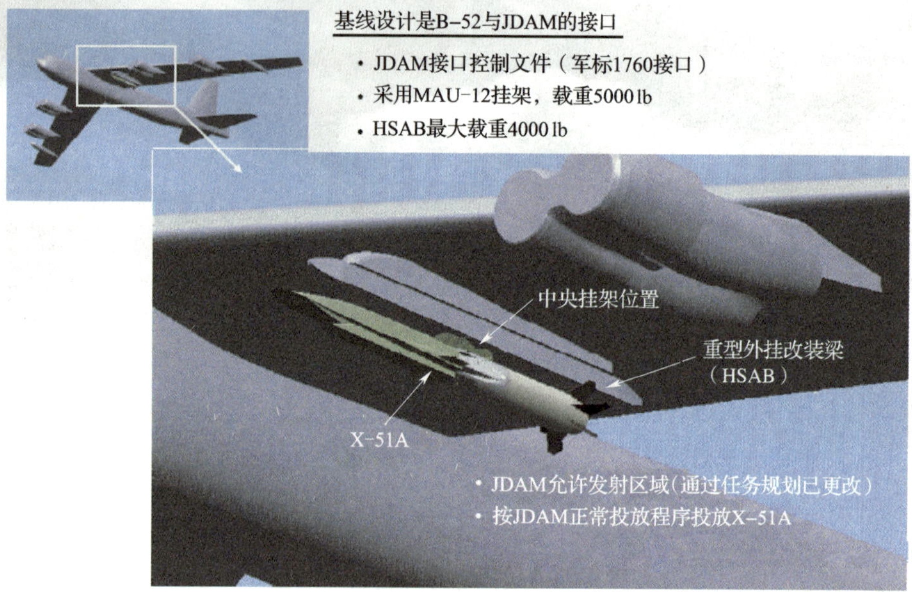


图 4-30　X-51A 挂载在 B-52H 上

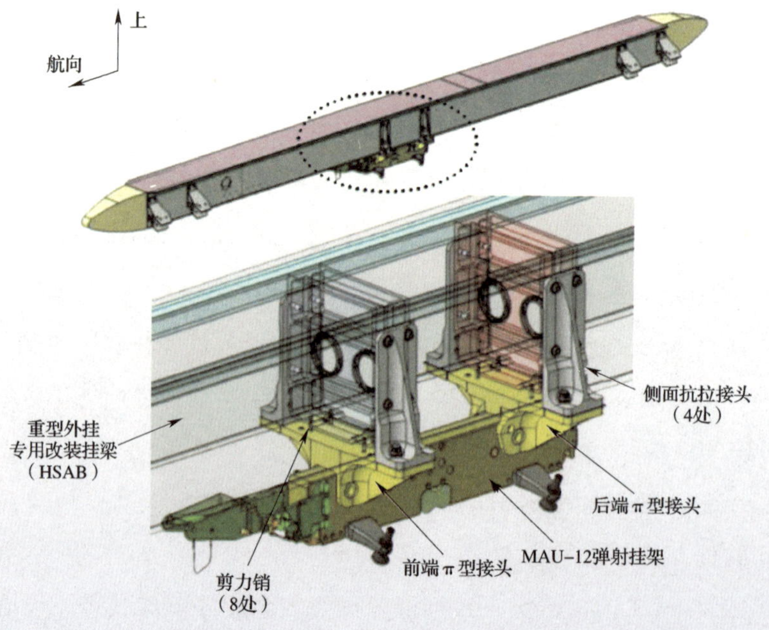


图 4-31　在 B-52H 上挂装 X-51 的挂架

此外，还进行了X-51A/B-52H的挂载综合试验，验证X-51A与B-52H之间的数据传输情况；X-51A/B-52H机上系统综合，验证X-51A OFP与B-52H之间的电气系统及软件综合情况；X-51A/B-52H电磁兼容性试验，验证X-51A与B-52H之间的电磁干扰环境是否兼容。

（3）试飞准备

试飞准备包括载机B-52H飞行相关工作、靶场准备工作以及验证机本身相关工作等方面。

① B-52H飞行相关工作

与B-52H飞行相关的工作包括获得准飞证，批准进行挂载验证机整机、挂飞、发射以及返回等操作。X-51A项目由负责美国空军飞机外挂物审定流程的空军“寻鹰”办公室（Air Force SEEK EAGLE Office，AFSEO）审定所有外挂或内置的武器、悬挂设备、油箱和吊舱；还负责确认安全加载下载程序，以及安全挂飞、使用、投放、安全分离和弹道精度。鬼怪工厂进行了多轮的系留挂飞、外挂贴地起飞、飞行器投放分离的CFD模拟计算，为AFSEO提供了必要的用于验证机投放放飞许可审定的数据。此外，在B-52飞机上进行了挂载X-51A验证机及挂飞所需的更改，由B-52系统项目办公室（System Program Office，SPO）批准，这也为AFSEO审批X-51A放飞的工作提供相应的支持。

②靶场准备工作

在靶场准备工作方面，还需要为海军航空兵作战中心——穆古角海上靶场提供部分必要的文件，用于进行安全评审，为X-51A项目提供靶场使用许可，其中有部分要求可以与空军飞行试验中心的要求合并。要求提供的飞行中止系统报告包括系统描述和构型，以及中止和自毁分析。除了进行工程评审委员会及发射准备评审外，穆古角靶场的太平洋导弹试验中心还将编制一份靶场安全操作计划。

③验证机本身相关工作

在验证机准备工作方面，需要美国空军研究实验室为验证机发放的放飞许可。由于X-51A是一次性使用的飞行器，不需要获得美国空军的完全适航证，但是美国空军研究实验室将使用莱特－帕特森空军基地航空系统中心的《适航手册》，由航空系统中心工程专家验证验证机的飞行安全性，以及是否准备到位可进行地面试验、飞行试验。图 4–32 简要说明了 X–51A 综合飞行计划执行流程（图中 412th 指第 412 高超声速试飞队，ACN 指批准放飞通知（Authority Clear Notification））。

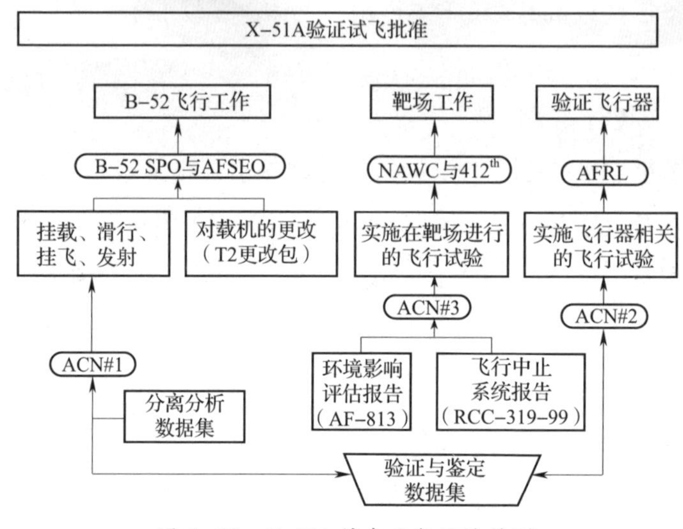

图 4–32　X–51A 综合飞行试验计划

（4）试飞任务计划

按照试飞计划，B–52H/X–51A 从爱德华兹空军基地起飞后向穆古角靶场的西南飞去，按田径跑道航线飞行两圈后，直飞向西。在此过程中，B–52H 保持高度 49500ft，速度为 *Ma*0.8，并进行飞行器状态检查。第一次飞过太平洋上空的发射点是试验性飞过，在此期间进行飞行器自检、验证遥测信号接收正常。第二次飞过时，如果 B–52H 抵达发射点，发射条件全部满足，则进行 X–51A 投放。投放后，允许 X–51A 在助推器点火前自由落体 4s，确保满足分离距离。固体火箭助推器点火并燃烧大约 35s，将验证机整机加速到 *Ma*4.5 以上，高度 60000ft。在助推阶段，超燃冲压发动机的进气道气动起动，并开始气动加热，当高速气流流经进气道和流过级间段时，会升高流道侧壁的温度，少量的 JP–7 燃料会填充到散热壁。

助推器燃尽前一瞬间，巡航器断开助推器和级间段，独自分离。在一小段惯性飞行后，乙烯喷射至流道内并被点燃，以完成对发动机壁及其内部JP−7 碳氢燃料的加热。一旦燃料加热到最低点火温度，超燃冲压发动机开始将高温 JP−7 燃料喷射至流道内。过渡阶段将持续几秒钟，直到乙烯完全耗尽后，发动机只靠 JP−7 燃料工作。全权数字式发动机控制系统控制一组燃料分配阀门，当飞行器在使用包线的马赫数范围内加速时，对完全燃烧时阀门开度、冷却时阀门开度和喷射位置进行调控。发动机将一直运转直到机载燃料耗尽。

X−51A 机载 265lb JP−7 燃料大约能支持超燃冲压发动机燃烧 240s，前提是在前期的飞行轨迹内用于冷却的燃料量不会超过预期。每次飞行都将采用同样的轨迹，这是能实现最大马赫数（预计在 *Ma*6 左右）的最优轨迹。在飞行过程中，飞行器将飞行器和发动机的温度、压力、应变、加速度遥测信号发送到海军 P−3D“猎户座”伴机、穆古角靶场和范登堡空军基地靶场。超燃冲压发动机关车后，飞行器进行惯性飞行并在无动力下降过程中进行一系列参数验证机动，从而在飞行器减速的各马赫数状态下获得重要的高超声速状态飞行特性，用于与风洞试验数据进行对比。飞行器继续下降高度，同时减速，直到落入海中，地点大约距离投放点 400n mile。试飞后，没有回收飞行器的计划。

（5）实际试飞情况

试飞工作原计划从 2009 年初开始，同时进行的还有前文提及的所需的安全评审。地面试验计划在当年 4 ～ 5 月进行，接着在 5 月进行首飞待飞评审。X−51A 的首飞试验为系留挂载试验，完整的 X−51A 挂载在 B−52H 上，绕爱德华兹空军基地靶场飞行以确定 B−52H/X−51A 的飞行操纵性，验证遥测数据和控制室的显示是否正常。飞行预演计划安排在 2009 年 7 月，B−52H 在穆古角靶场上空进行全任务剖面飞行，抵达实际确定的投放点。X−51A 的第一次自主飞行计划在 2009 年 8 月，第二次飞行计划在第一次飞行的 8 周之后，第三、四次飞行按间隔前一次飞行 6 周的时间分别在 11 月和 12 月进行。但实际上 X−51A 的试飞工作远比计划落后，第一次试飞在 2010 年 5 月 26 日进行，比计划推后了近一年；第二次试飞在2011年6月；第三次试飞在2012年8月。但均未达到预期的试验结果。

## 4.5 预研项目试验技术

为了提高空天飞行器的安全性和可靠性，满足再次出动时间要求，降低设计、使用和维护成本，缩短周期，波音公司鬼怪工厂启动了一项“空间飞行器结构健康监测（Structural Health Monitoring，SHM）与评估技术”研究。该项研究由美国空军研究实验室出资，研究内容包括了结构健康监测的两个方面：一是机载传感器技术，二是地面无损检测（Non Destructive Evaluation，NDE）技术。其中机载传感器技术方面侧重结构健康监测系统的样机制造，该系统集成了多种传感器，用以生成基于实时或近实时传感器数据的结构健康信息；地面无损检测方面则重点关注可在机载传感器和地面无损检测技术之间建立连接的地面系统。这两个方面可看做是同一个结构健康监测系统的两个部分，互为补充。

“空间飞行器结构健康监测（SHM）与评估技术”研究项目主要针对一种未来高速飞行器——SOV平台展开研究。制订结构健康监测/无损检测系统的系统需求以及选择相关技术的依据是该飞行器的基线描述。

### 4.5.1 试验目的和方法

“空间飞行器结构健康监测（SHM）与评估技术”研究项目的试验目的是在模拟的飞行载荷条件下，评估备选传感器技术是否可以有效检测和辨别结构或热防护系统试验件上具体的损伤。试验过程中，在一块复合材料板上施加轴向载荷，并在整个热防护系统表面施加表面载荷。该试验的主要目标包括：试验过程中，利用机载实时传感器评估试验件的完好性；在试验后，通过无损检测手段确定损伤情况；评估结构健康监测技术是否可有效探测通过无损检测手段确认的结构损伤。

### 4.5.2 试验装置

(1) 试验件

在这一系列试验中，采用一块 30in × 30in 的碳纤维增强型复合材料板作为热防护系统试验件组件的主要结构。该复合材料板为全胶合的蒙皮－桁条结构（见图 4–33）。试验前，该板子经过无损检测 C 类扫描和胶合的智能夹层方法确认并无损伤。然后在安装了胶合的智能夹层和声发射传感器的情况下，对该复合材料板施加撞击性破坏。对破坏情况进行鉴定和记录，用作下一步测试的参照基准。复合材料板上连接 3 种类型共 5 个热防护系统试验样本（见图 4–34）。其中一个样本以机械安装的形式连接，其他的均采用胶黏。由于空间作战飞行器的热防护系统方案尚未选定，因此采用这种样本连接方式，以便为两种热防护系统构型采集数据、筛选结构状态监控技术。机械连接的试验样本为 6in × 12in 的共形可重复使用隔热（Conformal Reusable

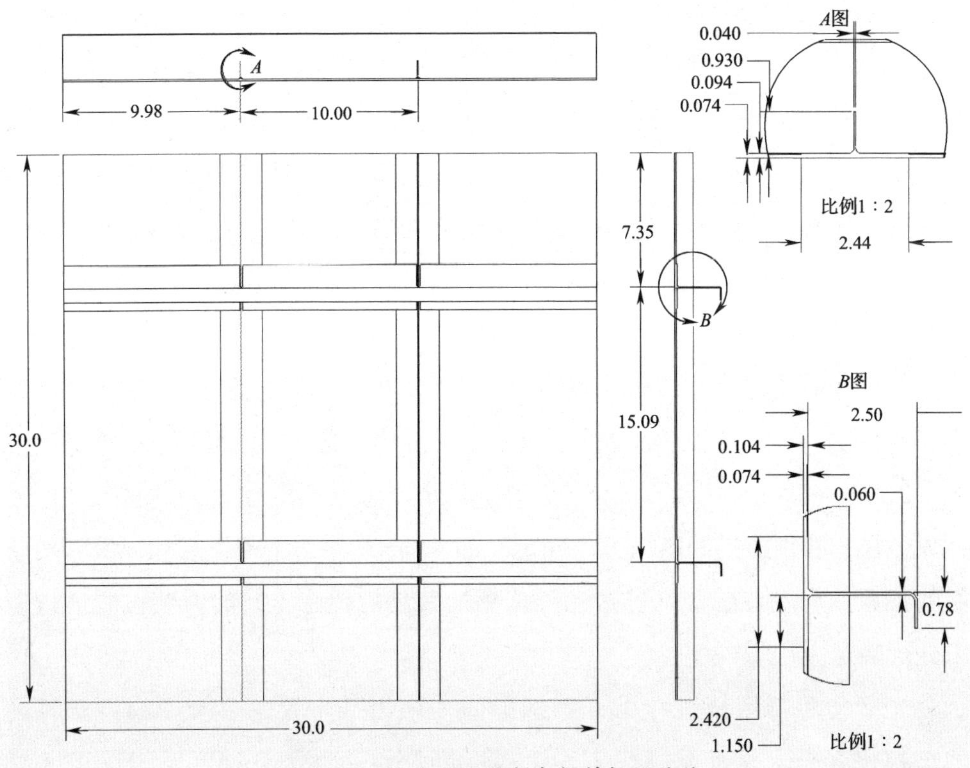


图 4–33 试验所用的复合材料板试验件

（单位：in）

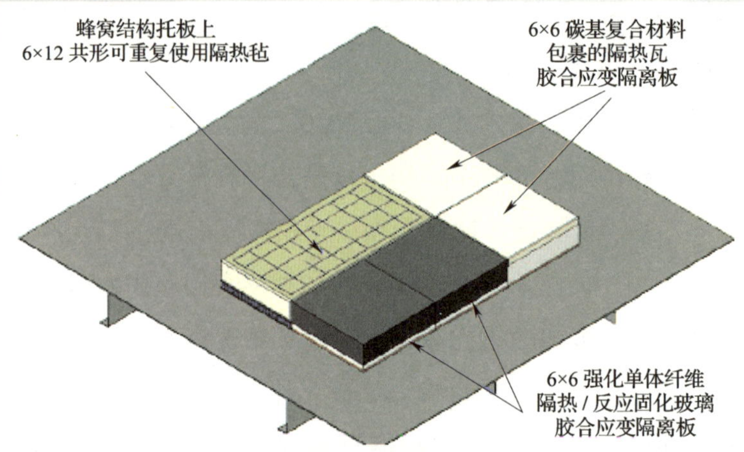


图 4–34 热防护系统试验件布局图

Insulation，CRI）毡，该隔热毡胶黏于一块托板上，而托板通过螺栓与复合材料板试验件相连。

胶黏的试验样本中有 2 个是外层为碳基复合材料（Carbon Matrix Composite，CMC）的波音刚性隔热（Boeing Rigid Insulation，BRI）瓦，另外 2 个是外层为强化单体纤维隔热 / 反应固化玻璃（Toughened Unipiece Fibrous 1Insulation/Reaction Cured Glass，TUFI/RCG）的 BRI 瓦。这 4 个胶黏的样本尺寸均为 6in × 6in，均采用应变隔离板（Strain Isolation Pad，SIP）和室温硫化硅胶黏结于复合材料板上。

（2）仪表装置

安装在试验件上的传感器包括智能夹层、9 个声发射传感器、308 个光纤应变传感器、2 个常规应变传感器和 3 个位移计。应变数据也用于智能载荷监控（Intelligent Load Monitoring，ILM)。传感器的位置根据试验条件、预计失效模式和须监控的区域大小确定。图 4–35 所示为智能夹层和声发射传感器的位置。应变传感器（包括光纤传感器和常规传感器）的安装位置通过应力分析确定。

光纤传感器系统设计用于识别沿同一根光纤布置的多个中心波长相同的布拉格光栅。每个光栅代表一个应变测量点，整个系统可以 1Hz 的采样率处理数百个传感器的数据。光纤仪表显像（Fiber Optic Instrumentation

Development，FOID）系统包括 3 个重要部件：激光器、FOID 箱与 CPU。FOID 箱容纳光纤管理网络、嵌入式处理器、数据采集板、数据存储单元和光－电转换器板。

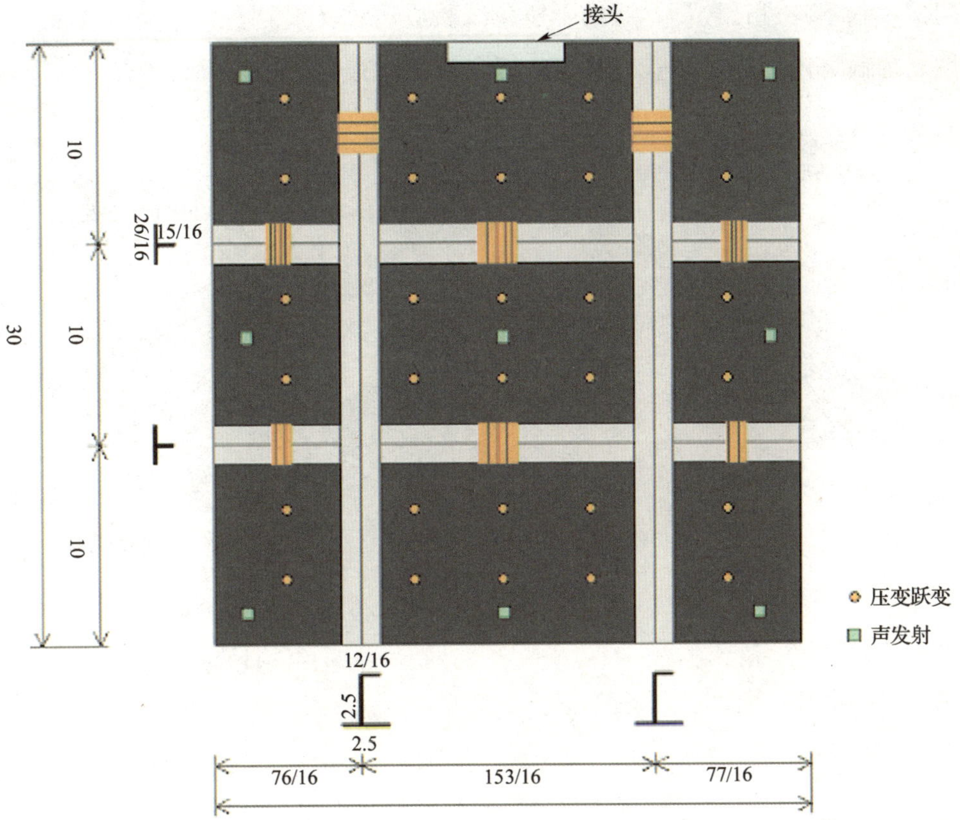

图 4—35　智能夹层和声发射传感器在试验板背面的位置

（单位：in）

试验中光纤传感器不仅用于监测试验板上的物理损伤，还用于评估其本身是否有可能用于检测热防护系统的胶层失效和提示隔热瓦／毡本身的脱胶或破损。图 4—36 表示试验中光纤传感器的安装位置。

## 4.5.3　试验条件

试验中施加的载荷包括单轴载荷和整个热防护系统区域的表面载荷（见图 4—37 和图 4—38）。采用这样一种加载组合是为了在结构上形成一种复杂的载荷状态，从而对智能载荷监控进行评估。试验加载剖面的选择足以保证加载形式和加载程度能使试验板失效。通过逐渐增加试验板上的加载百分比，可通过各个传感器跟踪破坏的发展过程。这种加载方法还允许对测试过程本身进行控制，有助于避免试验板严重受损。在从每个加载保持点恢复加载之前，通过核查传感器数据和目视检查确认试验板的状态。

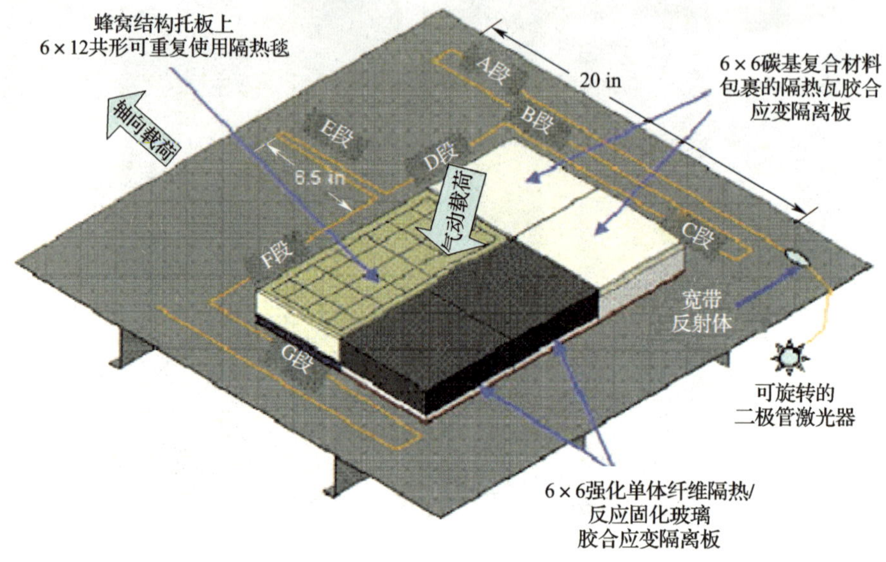


图 4—36　试验板表面光纤传感器安装图

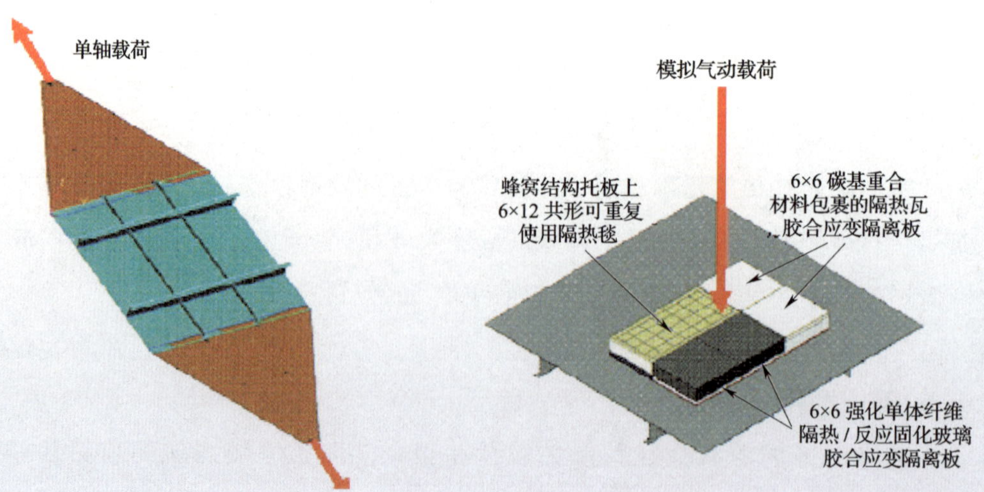


图 4—37　加载方向

图 4–38 组合加载试验设施

### 4.5.4 试验工具与方法

（1）声发射传感器

试验过程中，用胶黏在复合材料板背面的 9 个声发射传感器记录声发射数据，传感器位置见图 4–37。声发射监测的原理是：当结构材料在应力作用下出现表面裂纹时，会快速释放能量，这种快速的能量或应力释放产生瞬间的弹性波，这种弹性波在结构内部以材料的声速传播。

试验表明，声发射技术在实时监测结构状态方面是有效的。声发射数据采集系统同时记录声发射数据和载荷数据，这些数据有时间标签，因此声发射数据可以与加载顺序和其他传感器数据（如应变）关联起来。实时监测与每一轮加载后的智能夹层系统扫描结果之间也是一致的。

（2）DSS 光纤布拉格（Bragg）光栅

分布式应变传感器安装于 AVTIP[①]板上，用于测量轴向载荷和气动载荷。在兰利研究中心专利解调技术的基础上采用了 NASA 德莱顿制造的分布式应变传感器系统。分布式应变传感器系统的数据与应变片的匹配性良好，但不是实时记录。NASA 提供的光纤具有聚酰亚胺涂层，弯段损失小，光纤采用传统的用于贴应变片的环氧树脂粘贴于复合材料板表面。光纤的布局支持对单轴（抗拉）载荷和气动载荷的测量。光栅在脱模工艺过程中进行蚀刻，间距 1cm，中心波长 1558.5nm。采用一个二极管激光器从 1553nm 到 1563nm 进行扫描，反映从每个布拉格光栅反射的回波共振波长变化。由于每个光栅都蚀刻成相同的中心波长，传感器通过将每个光栅相对于它到参照带宽反射体之间的距离进行调制实现多工。通过傅里叶分析，该时间 / 波长域被转换成频率 / 距离域。在频率 / 距离域中，隔离墙式的数字滤波器用于区分光栅。此后，用逆傅里叶法处理经过滤波的结果，回到时间 / 波长域。对经过反射的波长变化进行跟踪和处理，可显示机械应变测量。

（3）应变片和位移传感器

试验过程中测得的应变和位移数据旨在验证有限元模型，以及判断是否要继续在试验板上加载。通过在 Nastran 结构分析程序分析结果的基础上设定 ±10% 的方差，可用应变和位移数据来显示试验板的状态。将之前在静力试验中试验板上测得的位移与 Nastran 预测结果进行比较，证实二者之间相差不到 2.9%，说明有限元模型与实际的试验样件匹配性良好。

（4）无损检测法及分析

①智能夹层

智能夹层是一种薄膜压电传感器，具备在机体结构固有的超声范围内进行扫描的能力（见图 4–39）。智能夹层带上有 30 个压电光盘，这些压电光盘可对试验板进行脉冲调制，测量波形衰减，经过快速傅里叶变换信号处理后，产生有色码的结构图（见图 4–40）。

---

① AVTIP：Air Vehicle Technology Integration Program，飞行器技术综合项目，是波音鬼怪工厂与空军、诺斯罗普·格鲁门公司等合作的项目，内容包括层流制造公差预测、开放式控制平台硬件综合、先进的溶胶凝胶黏合工艺、实用非线性低阶响应预测法评估等。这里指应用了该工艺制作的板子。

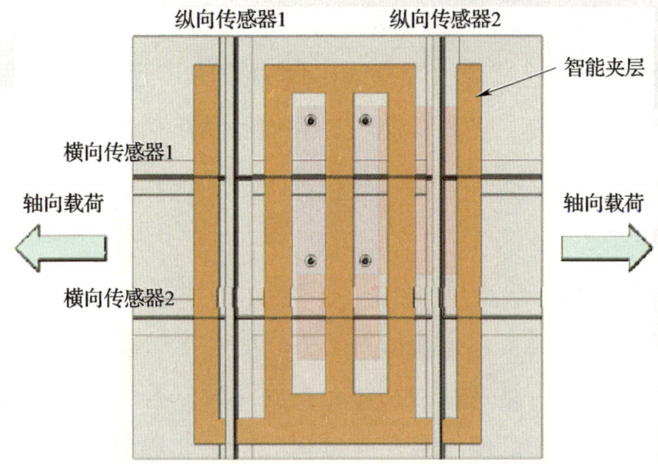


图 4-39　智能夹层带粘贴于测试板背面

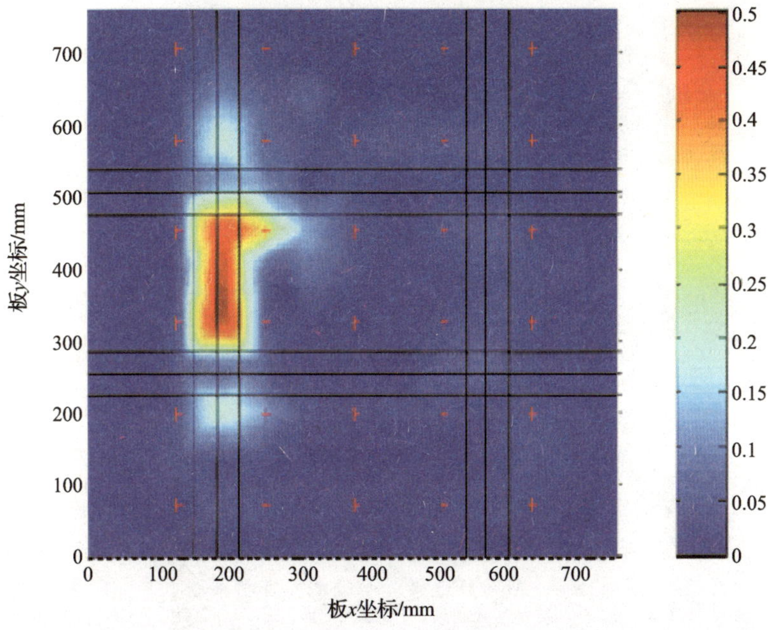


图 4-40　智能夹层生成的试验板诊断图

②有限元模型

有限元模型对于试验的计划和评估而言是关键。网格尺寸的选择要使节点数尽可能多，而节点与传感器的位置匹配，以准确预测试验板的响应，在试验中提供决策依据。通过有限元模型预测的最高应力部位与每项结构健康监控／无损检测技术显示的损伤区域一致。有限元模型还可用于数据融合。

③超声 C 扫描

超声技术用于确定结构状态基线，作为评估其他无损检测方法的基准。先通过超声 C 扫描确定试验件的基线，在试验结束后再次进行扫描，以此确定损伤情况。

④数据融合

仅用一种方法可能还不足以完整观测到损伤程度。“数据融合”将来自多个传感器的数据综合起来，目的是为了更好地确定损伤情况。将 C 扫描图和有限元结合起来，且可结合结构，对无损检测数据有更好的理解。这个过程允许用户更好地将显示的损伤情况与结构外形关联起来。当查看的数据来自两个或多个来源时，就可以更好地匹配有限元法（见图 4–41）。

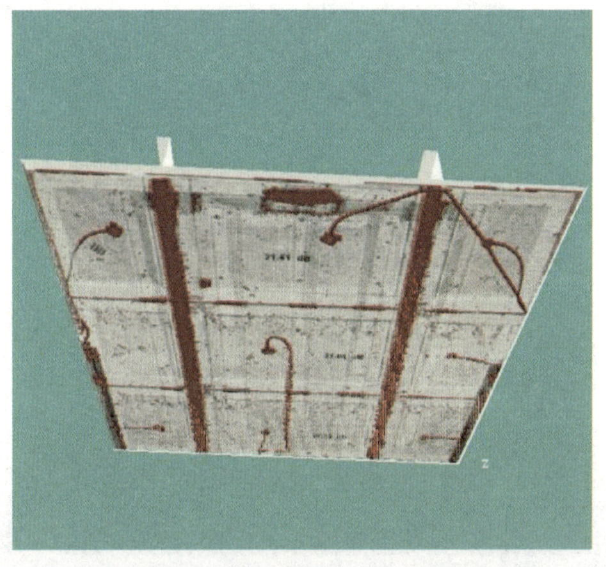

图 4–41　经过数据融合的 C 类扫描图

⑤红外温度记录法

红外温度记录法被选作验证结构健康监测系统的无损检测方法之一。红外温度记录法用于机械试验前后，可看出试验前后板子的结构状态。这种无损检测方法的分辨率与超声扫描方法相当，但同时具备不接触、单面进入的优点。不仅可看出结构板的损伤，而且可看出复合材料板的细节和智能夹层带的完好性（见图 4–42）。

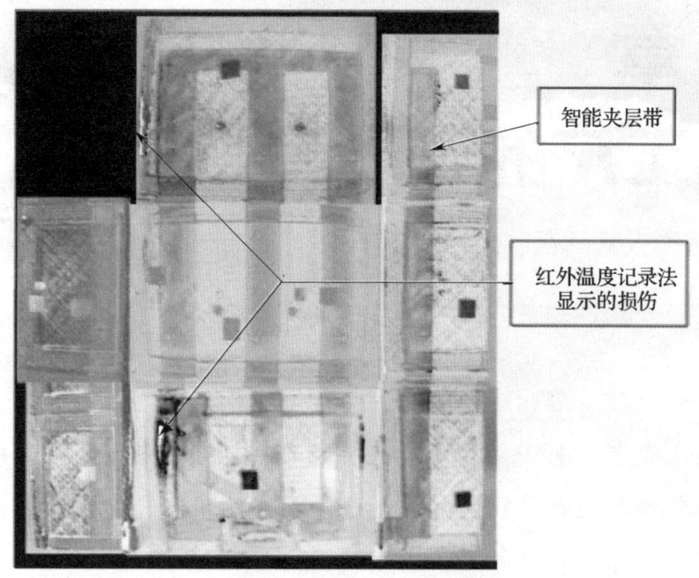


图 4-42　通过红外温度记录法验证局部损伤

# 第 5 章
# 鬼怪工厂的管理者

鬼怪工厂是波音公司主要的研究与开发机构，其前身为麦道公司的研究发展部，正式成立于 1991 年 5 月，主要工作重心是研制先进的军用产品和技术。当麦道公司与波音公司合并后，鬼怪工厂的研发领域扩展到覆盖航空和航天领域。

鬼怪工厂的雏形虽于 20 世纪 50 年代就已存在，是麦道公司一个专门从事新产品研制的机构，高效地组织少数人生产著名的“鬼怪”II F-4 战斗机，但涉足领域比较窄，自身发展也比较缓慢，当麦道公司于 1991 年正式成立鬼怪工厂后，鬼怪工厂进入迅速发展阶段。因此，1991 ～ 1997 年期间曾担任鬼怪工厂总裁的杰瑞·恩尼斯（Jerry Ennis）和詹姆斯·辛尼特（James Sinnett）可以认为是鬼怪工厂的先驱，在他们的带领下，鬼怪工厂致力于验证先进技术和原型机技术，先后开展了“捕食者”技术验证机和 X-37、X-45 雏形的预研工作，研制出一批前沿系统和先进技术，并在材料和制造工艺技术上屡屡创新，成为波音公司“精益生产”的摇篮，奠定了鬼怪工厂日后成为航空航天创新重镇的地位和基础。

1997 年波音公司收购了麦道公司，鬼怪工厂成为其最有价值的收获之一。鬼怪工厂除重点发展先进军事产品外，其研究范围拓展到了覆盖商业、空间应用在内的多个领域。同时，鬼怪工厂管理者的责任和使命也在后续接棒者身上得到传递和继承，他们是杰出的技术专家和科学家，也是优秀的领导者和引领者，他们是戴维·斯温（David Swain）、乔治·穆勒（George Muellner）、罗伯特·克里格（Robert Krieger）、马修·甘茨（Matt Ganz）和现任总裁达瑞尔·戴维斯（Darryl Davis），他们接过了以预研先进技术和

系统为宗旨的鬼怪工厂的创新大旗。在他们的领导下，鬼怪工厂长年保持同时有 500 个左右的航空航天高科技军用及民用项目在研。现阶段，鬼怪工厂主要的军事项目有 X-48B 翼身融合体无人验证机、“鬼怪鳐”无人机、X-37B 轨道试验飞行器、X-51A 吸气式高超声速飞行器、陆军作战系统、2018 下一代轰炸机等，引领着鬼怪工厂一路朝着创新的方向不断迈进。图 5-1 为鬼怪工厂负责设计的“轨道快车”项目。

图 5-1　波音鬼怪工厂负责设计的“轨道快车”项目

## 5.1　杰瑞·恩尼斯：麦道公司鬼怪工厂的首任总裁

图 5-2　鬼怪工厂首任总裁杰瑞·恩尼斯

1991 年，麦道公司正式成立鬼怪工厂，由杰瑞·恩尼斯（见图 5-2）担任总裁。

### 5.1.1　明确目标和宗旨

杰瑞·恩尼斯上任之初对鬼怪工厂的目标和

宗旨就十分明确，麦道公司的鬼怪工厂和洛克希德公司的臭鼬工厂有共同之处，但也有明显的区别。两者的目标有些不一样：臭鼬工厂的工作主要集中于“黑色项目”，而鬼怪工厂的主要任务是测试新技术和新概念是否能应用于生产，以缩短技术和工艺从 R&D 到生产之间的距离。恩尼斯在谈到两者的区别时说，“我们不仅要开发研制新的技术和工艺，还要验证它们，进而推动它们到生产阶段。”

鬼怪工厂最初是作为麦道公司新飞机和导弹产品部的原型机中心而成立的，总部位于密苏里州的圣路易斯，是提高 F-18E/F 生产率和经济可承受性的排头先锋。当时鬼怪工厂正在开发制造技术，准备用于为以色列和沙特阿拉伯生产的 F-15E（见图 5-3）、为美国海军陆战队重新制造的 AV-8B 以及为美国海军研制的新 T-45S（见图 5-4）。鬼怪工厂的负责人杰瑞·恩尼斯说：“麦道公司已经点燃了研制和开发的火炉。”

图 5-3 F-15E“攻击鹰”重型战斗机

杰瑞·恩尼斯时期，明确了鬼怪工厂的宗旨是“研究先进的结构和材料，在原型机环境进行验证，并将其过渡应用到现有的产品上”。鬼怪工厂引领着麦道公司精益制造技术的实施，以降低周期时间，从成本、速度、技术嵌入中析出效率，提高质量。

图 5—4 波音 T—45S 教练机

## 5.1.2 潜心精益制造

鬼怪工厂是麦道公司精益制造工艺的摇篮。

鬼怪工厂的命名是为了纪念麦道公司经典的“鬼怪”II F-4 战斗机，而它幽秘的内涵也很适合这个组织：在有密码锁的机库里发生的奇怪事情。但鬼怪工厂的主要任务是钻研出创新的方法，以较少的人数和较低的成本设计、制造最高技术层次的飞机。

杰瑞·恩尼斯把为客户制造飞机与罗·罗公司制造小汽车相比较，与罗·罗公司的高级汽车类似，今天的战斗机拥有高质量，但这样的飞机需要异乎寻常的裁剪量和人工修配量，以达到高质量。为了使飞机达到轻重量和高强度的平衡，即使是起落架舱门等简单部位也需要用手来铆接连接。

先进材料（如碳纤维复合材料）没有得到进一步改进之前，都非常昂贵，难于加工。为了寻求更好的解决方案，杰瑞·恩尼斯和他的鬼怪工厂拜访了能以较少的部件制造大型复合材料船体的造船商、发明节约组装人力方法的飞机成品供应商，并向设计 Dodeg Viper 运动小汽车的工程师讨取经验。

杰瑞·恩尼斯团队的取经工作相当成功，后来运用到军用飞机的一项技术是高速加工。采用一个切削头，以 40000r/min 旋转，高速加工工具就能把一块金属坯料制作成像纸一样薄的复合部件如蒙皮和加强肋，以成打的部件和数百个紧固件取代了金属薄板部件。鬼怪工厂的这项技术更上一层楼，用加工的狭缝和耳片制成零部件，类似于模型飞机的部件，用它们来引导装配。由于一台高速机器几乎能制造任何部件，鬼怪工厂看上去像“战场工厂”，能安上一架货运飞机或航母，而且能为事故受损或作战受损飞机替换零件。

高速加工技术在 F/A-18E/F 上得到采用。例如 F-18E/F 的一个航空电子设备外壳以前由 44 块金属薄板部件构成，现在只需 6 个部件，更轻质、更便宜、生产速度更快。固体金属的计算机控制加工使生产外壳所需工具的数量从 53 种减少到仅 5 种。

而在鬼怪工厂的 C-17（见图 5-5）制造创新行动中，工程师们完全重新设计了尾翼，减少了 85% 的零部件，紧固件减少了 82%，这在数年前完全是不可行的。采用高速加工这项技术后，鬼怪工厂却做到了能把许多分离的部件结合到单独的加工结构中。成本砍掉了 50%，尾翼的重量也降低了 1/5。

图 5-5　波音公司 C-17 战略战术运输机

其他由鬼怪工厂研究的技术和工艺包括：室温固化复合材料，可去掉高成本的切割工艺和将部件焙入压热器的时间；预涂紧固件，简化了安装，提供腐蚀防护，每架C-17可节约200万美元人力成本；自动纤维铺层，使大型复合材料结构能更快生产；先进的固体模型CAD，使工程师能采用单独的模型来设计和生产飞机的每一个平面。

图5-6　在鬼怪工厂，采用舌槽接合加工的飞机部件无须使用工具即可装配

鬼怪工厂的另一项计划是使复合材料更耐受因厚蒙皮纤维堆叠导致的脱离破坏。当时使用塑料树脂来紧固纤维，但这类材料很难操作。恩尼斯带领鬼怪工厂寻求一种更简易的技术：将多层纤维用凯芙拉缝法进行缝合。

以可承担的成本制造大型复合材料部件，能使制造人员以“整体”外形替换复杂的飞机结构，更类似于汽车车体或船体，其由少量复合材料片制成。在海军的项目中，鬼怪工厂为战斗机设计了一个整体式中机体段，其中纤维从机翼折叠铰链到另一端都是连续的。杰瑞·恩尼斯说，“我们对每一段都进行了成功的测量。”

麦道公司于20世纪90年代中期成立了新的飞机和导弹产品部（New Aircraft and Missile Products，NAMP），目的是使技术过渡到经济可承受的系统和鼓励创新。杰瑞·恩尼斯认为，建立新的NAMP可视为一项基础性的变革，麦道公司能通过这种方式设计制造飞机。他和他的鬼怪工厂团队的成本改善目标是量子式的而不是增量式的。杰瑞·恩尼斯说："日本在工艺研究方面花费了90%的力量，而在产品研究上只花了10%。"针对JAST计划（"联合先进攻击机技术"计划，后更名为JSF计划），麦道公司在圣路易斯成立了先进飞机中心，作为新的NAMP的分部，计划在先进短距起飞垂直降落飞机（Advanced Short Takeoff and Vertical Landing，ASTOVL）项目中承担麦道公司／英国航宇公司（BAe，British Aerospace Corporation）的部分工作。先进飞机中心将借助鬼怪工厂原型机中心在产品和工艺的材料开发、精益制造技术和快速原型机制造方面的经验和优势，将其技术应用到AV-8B（见图5-7）的研制工作中。

图5-7　AV-8B是麦道公司和BAe联合研制的"鹞"式战斗机的改进型别

### 5.1.3　重视人才和成本

鬼怪工厂成立之前，麦道公司首席执行官、总裁哈里·斯通西弗对杰瑞·恩尼斯下达了难度很高的任务，即组建鬼怪工厂这样一个组织，不要潜

伏在秘密技术背后，而是把工程师的构想孵化出来，在整个公司层面上加以应用。鬼怪工厂的人员要能定期流入和流出，从设计到生产都要遵循他们参加的各个项目。杰瑞·恩尼斯说："通过这种方法，人员的态度和构想能影响到整个组织。"

成为鬼怪工厂员工需要具备什么样的素质？杰瑞·恩尼斯寻找的是"通才"，一个工程师要富有各方面的经验：设计经验、分析经验、制造经验，以及对飞机的热情。他说，"那些拥有宏图大志的人才能设计出更好的飞机。"

鬼怪工厂也一直很重视成本问题。杰瑞·恩尼斯认为通过聚集关键工艺可以实现高质量和低成本的两全其美。他解释说，"就像罗·罗公司和雷克萨斯公司，把重点放在关键工艺上，同时降低人力成本，雷克萨斯公司推出了质量更好、成本更低的小汽车产品。"

## 5.2　詹姆斯·辛尼特：麦道公司鬼怪工厂的第二任总裁

詹姆斯·辛尼特于1995年任鬼怪工厂的新总裁。1995年8月，麦道公司进行了机构调整，将为政府从事航宇研究的部门都合并到鬼怪工厂，并且让密苏里州和加利福尼亚州的航空航天部门以及亚利桑那州的直升机部门的3000名员工加入了鬼怪工厂。而人员总数将削减约10%，地处圣地亚哥的麦道技术公司（MDTI）和长滩的先进运输机发展部（ATAD）将关闭。这次机构调整扩大了圣路易斯鬼怪工厂的影响力。新的鬼怪工厂由麦道公司首席科学家詹姆斯·辛尼特（见图5-8）任总裁，戴维·斯温为鬼怪工厂副总裁兼总经理。

图5-8　1995年上任的詹姆斯·辛尼特

在鬼怪工厂期间，詹姆斯·辛尼特直接负责大型研究和开发项目，而这些项目

最开始时几乎没有任何积极的回报。这些工作包括了一系列远景性保密项目的技术验证，这些项目的成功完成使得波音团队跻身工业界的领导地位。在詹姆斯·辛尼特的领导下，鬼怪工厂成为波音公司最主要的研究和开发机构。

## 5.2.1 詹姆斯·辛尼特履历

詹姆斯·辛尼特于1939年10月21日出生于圣路易斯。他毕业于圣路易斯大学帕克学院，获得航空航天工程的学士学位和机械研究硕士学位。在国防系统管理学院学习了项目管理课程，密苏里大学罗拉分校授予他航空航天工程教授职位。

詹姆斯·辛尼特于1962年进入麦克唐纳飞机公司工作，作为一名试验工程师参加了“水星”计划的研制，而后负责了一系列其他任务。他为海军研究顾问委员会的研究小组工作，研究建模和仿真、小型战斗单位的舰船－战斗机后勤、信息技术互操作性，以及全球定位卫星的易损性。詹姆斯·辛尼特是海军研究顾问委员会的副主席，他还为国防科学委员会特别工作组工作，工作内容是研究联合先进打击技术、垂直补给集成以及开放式体系结构。

麦道公司并入波音公司之前，詹姆斯·辛尼特在麦道公司任技术副总裁，先进系统和技术部（即鬼怪工厂）的资深副总裁、总裁，新飞机和导弹产品部的副总裁和总经理、总裁。麦道公司并入波音公司后，詹姆斯·辛尼特曾任波音公司研究与发展机构（即鬼怪工厂战略发展部）的副总裁，而在担任这一职务之前，他是波音公司华盛顿技术分部的副总裁。

詹姆斯·辛尼特还是多行业可承担性特别工作组的主席，曾是航空航天工业协会技术作战委员会的主席，并担任航空航天精益计划执行委员会的联合主席，同时在海军研究委员会、国家研究委员会和未来海军技术研究平台小组任职。

## 5.2.2 验证先进技术

鬼怪工厂当初就是麦道公司一个引人注目的新兴前沿部门，它的任务是缩短技术和工艺从研究开发到生产之间的距离。如何实现这一点？詹姆

斯·辛尼特领导鬼怪工厂团队要在X–36这样的项目上验证前沿技术，从而减轻当项目进入工程制造之前的风险。

1996年4月，来自NASA和麦道公司的工程师公布了一种新的飞机设计方案，这就是X–36，是为验证一种敏捷性与高隐身性的战斗机而研制的28%缩比遥控验证机（见图5–9）。在28个月内开发，价格较低，为1700万美元，其任务是验证几项基本的但风险很高的技术：带分裂式副翼的无垂尾翼面结构、经典的推力矢量系统以及高速数字电传飞行控制系统。

图5–9　中间左边的白色飞机即为28%缩比的X–36

除了完成空中任务外，X–36还为麦道公司提供了一个完善的试验台，可演示验证几种创新性的工程和精度制造技术，如低温固化复合材料、低成本切割铸模、组合性高速加工组件、直接来自“从屏幕到机械”的先进CAD/CAM。

鬼怪工厂负责设计和制造X–36，这是一个非常成功的演示验证项目，采用了许多低成本的制造方法，这是试验新技术必要的成本驱动考虑。低预算也使得政策对项目失败的担心程度降低，从而减少了被政府监管的程度。X−36 所验证的许多技术与设备都在 X−50 上得到了应用。

### 5.2.3 获奖

继杰瑞·恩尼斯之后，詹姆斯·辛尼特带领麦道公司鬼怪工厂继续提升鬼怪工厂的精益制造技术水平并致力于验证先进技术，保持作战飞机的先进性，先后于 2000 年和 2001 年荣获国防制造业优秀奖和作战生存性领导奖两个奖项。

（1）国防制造业优秀奖

2000 年 12 月 19 日，美国国家先进技术中心将 2000 年度国防制造业优秀奖授予鬼怪工厂战略发展团队和来自波音公司和美国空军系统项目办的 JDAM 生产与供应商管理联合团队。

国家先进技术中心是非盈利性研究和教育组织，成立于 1990 年，所起作用是为政府、工业和学界之间搭起沟通的桥梁。该机构鼓励技术与开发工作之间的协作。一年一度的国防制造业优秀奖在佛罗里达州坦帕的国防制造会议上颁布，授予在国防制造领域做出贡献的小型化工作团队，以“感谢做出贡献的科学家、设计人员、工程师或项目经理，感谢他们在国防制造领域寻求好的研究、开发或做法，致力于提高美国国防领域的生产率、经济可承担性或技术领先性”。詹姆斯·辛尼特作为鬼怪工厂战略发展部的副总裁，被授予了个人奖，表彰其“在深化国防制造科学和技术领域所做出的杰出贡献”。

（2）作战生存性领导奖

作战生存性领导奖是授予那些对提高作战生存性做出主要贡献的领导者。所选的个人必须公认在提升整个作战生存性学科方面具有优秀的领导能力，或在生存性设计、项目管理、研究和发展、模拟和仿真、试验和评估、教育或开发标准的主要方面扮演了重要角色。该奖项的重点在于验证可持续特性的优秀领导能力。

詹姆斯·辛尼特作为鬼怪工厂战略发展部的退休副总裁，获得了 2001 年度作战生存性领导奖。对詹姆斯·辛尼特的颁奖词中说到，他在领导下一代生存性技术的工作中，为波音公司乃至整个飞机行业的生存性提升做出了重

要贡献。

关于鬼怪工厂在麦道公司时期的两任领导人，由于年代久远，麦道公司也很早即被兼并，所以文献资料很少，零星散见于美国20世纪90年代期刊和航空档案馆中，但从精益制造等报道中可以想象当时鬼怪工厂创业的艰辛和领导人杰瑞·恩尼斯、詹姆斯·辛尼特的先锋作用，在他们的带领下，麦道公司的鬼怪工厂在创新工艺技术、研制前沿技术方面颇有成效。

## 5.3　戴维·斯温：波音公司鬼怪工厂第一任总裁

波音公司于1997年收购位于圣路易斯的麦道公司后，继承了鬼怪工厂，戴维·斯温（见图5–10）当时是鬼怪工厂执行副总裁，部门名称为“先进系统和技术部——鬼怪工厂”，包括圣路易斯1600名工程师、西雅图1700名工程师和加利福尼亚州长滩的500名工程师。1999年9月15日，波音公司宣布重组鬼怪工厂，总部迁到西雅图，鬼怪工厂将直接向主席办公室汇报。而在此之前，鬼怪工厂是向波音公司资深副总裁迈克·西尔斯报告。

作为这次变动的一部分，戴维·斯温被任命为鬼怪工厂总裁，同时也是波音公司负责工程与技术的资深副总裁。在接下来的3个月，鬼怪工厂总部从圣路易斯迁到了波音公司在西雅图的企业总部。波音主席兼首席执行官菲尔·康迪说：“这些变动强调了我们对波音公司长期发展的承诺。鬼怪工厂是该战略中的关键要素。”作为重组计划的一项内容，戴维·斯温被任命为波音公司执行委员会主席，将继续领导公司的工程师协会。

图5–10　波音鬼怪工厂第一任总裁戴维·斯温

### 5.3.1　戴维·斯温简历

1942年7月30日，戴维·斯温出生于

印第安纳州的利兹顿。1964 年，戴维・斯温加入麦道公司，作为有人驾驶“双子星”项目的工程师。1972 年，他转到战术导弹领域，为“战斧”和“鱼叉”导弹项目工作。1987 年，他就任副总裁，兼任麦道航天公司战略业务发展部总经理。1991 年，他被任命为麦道公司资深副总裁和 C−17 项目经理。直到 1994 年，戴维・斯温才成为麦道公司鬼怪工厂副总裁和总经理。1997 年，他开始担任波音公司工程副总裁和鬼怪工厂执行副总裁。1999 年，斯温被任命为波音公司首席技术官和波音公司鬼怪工厂总裁。2001 年，乔治・穆勒任鬼怪工厂总裁，斯温调至波音的新世界总部，仍继续担任波音首席技术官和工程工艺协会的主席。该协会由各业务部门的总工程师组成，重点是在整个公司内培养顶级工程师、推广应用最好的工具、工艺和方法。2003 年 7 月，斯温担任波音公司执行副总裁和 IDS（综合防务系统）首席运营官，负责保证公司的运营良好、业务得以执行及 IDS 生产计划得以全面完成。2004 年 10 月，戴维・斯温从这一职位退休。

图 5−11　戴维・斯温在工作室

加入波音公司后，戴维・斯温被任命为波音公司的执行副总裁和主席团成员，之后还担任了波音公司首席技术官。他负责为波音公司建立一个战略技术愿景，并致力践行，以提升公司的远期竞争地位和商业价值。他还被授权为波音公司的新兴业务（即“波音连接”和“空中交通管理”业务）提供

战略指导，同时对波音的核心技术机构进行行政监管，这些核心技术机构包括鬼怪工厂、波音风险投资公司、知识产权业务公司以及外设技术机构。对波音公司而言，他所提出的新举措中，最重要的莫过于：发展长期的、覆盖全公司的技术投资策略，培养并保持一支业务精湛的技术人员队伍，鼓励技术创新与精益求精，发挥智力资本优势，组建国内外战略技术联盟。

## 5.3.2　负责“捕食鸟”计划

1999 年，戴维·斯温成为鬼怪工厂总裁，而当时鬼怪工厂约有 500 个项目正在研发中。当时公开的几个项目包括无人驾驶作战飞机（UCAV），后来以 X-45 立项；翼身融合体（BWB）全翼机设计；先进战术运输机（Advanced Tactical Transport，ATT）；X-37 试验性航天飞机等。鬼怪工厂的任务不仅包括研制先进系统以在未来 10 ～ 20 年变为产品，还包括寻求产品工艺改进、民用生产和降低成本。

“捕食鸟”计划是这些高度机密项目中非常成功的一项，于 1992 年启动，由鬼怪工厂秘密设计、研制与试飞。“捕食鸟”计划的主要目的是开发、验证新的隐身技术，增强飞机的低可探测性。2002 年 10 月 18 日，美国空军和波音公司在圣路易斯的鬼怪工厂向公众展示了“捕食鸟”技术验证机（见图 5-12）。

图 5-12　2002 年 10 月，“捕食鸟”在波音鬼怪工厂揭幕

在该计划下，鬼怪工厂研制了一架亚声速、单座技术验证机，兼具雷达和光学隐身特性，使“捕食鸟”验证机在隐身技术方面具有突破性的进展：首次采用大块碳纤维吸波复合材料结构；升降舵等控制舵面与机翼结合处增加了柔性蒙皮；强散射源的发动机进气道隐藏在驾驶舱后；等等。除了验证新的隐身技术外，鬼怪工厂还创新了快速原型开发技术，采用了低成本加工，三维虚拟现实设计与组装工艺，以保证飞机的低成本和高性能。

通过“捕食鸟”计划的成功实施，使波音公司进一步积累了宝贵的隐身飞机设计经验，并将这些技术运用到其他在研项目中，如后来的 X-45A 无人作战飞机就是直接运用了“捕食鸟”的技术成果，比如进气道的设计。

戴维·斯温这样描述鬼怪工厂的任务：“对 21 世纪我们怀有梦想，我们的任务是把这些梦想变为现实，但这不仅仅是在圆梦，也会与商用联系起来。”鬼怪工厂以前很多项目来源于国防部的“黑色项目”，即高度保密的防务计划，目前正在减少对这些计划的依赖，而将研究成果应用于包括民用运输机在内的整个波音公司生产线上。戴维·斯温认为，尽管鬼怪工厂许多研究项目也许永远不会用于实际生产，但这是正常的。他说“如果我们开发的所有项目中有 1/3 能付诸实现，那已经十分伟大了。”

### 5.3.3 获奖和荣誉

2006 年 5 月 23 日，工业研究协会（Industrial Research Institute，IRI）宣布将 2006 年度 IRI 奖授予鬼怪工厂前总裁、已退休的波音首席运营官戴维·斯温。IRI 是最重要的研发领导人业务联盟，大家共同致力于提高行业内技术革新的有效性，1938 年由 NRC（全国科学研究委员会）成立，由来自多个不同行业领域的高级执行官组成，其成员公司每年在全世界研发领域的投资超过 700 亿美元。IRI 是一个跨行业的领导机构，通过协同式知识创造为研发团体提供创新管理方面的深入分析、解决方案和最佳做法。IRI 奖于 1964 年设立，是对那些取得显著技术进步成就的技术型领导的认可与尊敬，他们所取得的成就对工业发展贡献巨大并有益于整个社会。

IRI 表示，戴维·斯温先生获奖在于他卓越的航空航天工业工程和管理领

导能力，因他杰出的领导才能，许多创新性的并且经济可承担的军民用航空航天系统与技术得以研发，对保护与联系世界人民起到了很好的作用；还在于他的远见卓识与无私奉献，他帮助波音公司成为全球航空航天巨人，这有助于美国在21世纪加强技术、政治和经济实力。

图5-13 戴维·斯温（左）站在波音747模型前

戴维·斯温毕业于普渡大学，取得航空工程学学士学位及工程学名誉博士头衔，获得了普渡大学1993年度杰出工程校友奖和1999年度优秀航空航天工程师奖。戴维·斯温是NASA航空航天技术顾问委员会主席、工程少数行业全国作战委员会董事会成员、美国航空航天学会（American Institute of Aeronautics and Astronautics，AIAA）副理事长、汽车工程师学会（Society of Automotive Engineers，SAE）会员、英国皇家航空学会（Royal Aeronautical Society，RAS）高级会员，还为国防科学委员会（Defense Science Board，DSB）特别工作组工作，专门研究垂直起降/垂直短距起降（Vertical Takeoff and Landing/Vertical or Short Takeoff and Landing，VTOL/VSTOL）飞机的未来需求。

### 5.3.4 斯温的思想

2000年10月9日，戴维·斯温在密苏里州圣路易斯举行的美国材料信息学会（American Society for Metals，ASM）国际材料解决方法会议上做了精彩的演讲（见图5–14），题为“Dream to Make Something Happen”，现摘录如下，从中可窥见一个眼光前瞻的戴维·斯温。

图5–14　戴维·斯温在ASM会议上进行演讲

我们在航空航天工业征程上已经走了很远。从奥威尔到威尔伯·赖特，我们从“飞少数”的新奇到每天有300万乘客搭乘班机飞往几乎每一个国家。做到这一点经历了97年。

我们经历了1957年将苏联的第一颗人造地球卫星“伴侣”号送入轨道，12年后登陆月球，然后能够在国际空间站生活。这一过程花费了43年。

我们从用木材和织物做成机翼成功发展到铝制后掠翼和喷气式发动机，再发展到使用复合材料。我们从低速、低空、敞开式座舱发展到高速、高空和密封舱。我们从喷气机时代一跃进入太空时代。

民用飞行的进步用了近100年，进军太空用了近50年，那么我们的下一次飞跃应该只需要25年。要实现这个飞跃，我们需要破坏性技术(Disruptive Technologies，指能颠覆整个市场的技术，如汽车和计算机的出现）和纳米技术上的革命性突破。

我们在航空航天领域的需要包括（仅举几例）：液体铸件复合材料、合成金属材料、钛合金激光成形以及金属加工开发。我们还需要利用小型化技术，纳米科学和工程最可能在未来产生战略技术上的突破。我们有能力开展分子级、原子级的工作，从而创造一些全新的可以从底层往上制造的东西，这种能力为我们打开了广阔的视野。

如果能制造出10倍于钢的强度但重量比钢轻得多的材料，我们能做什么呢？正如科学与技术协会会长助理尼尔·莱恩博士所说，“纳米技术将对我们的经济和社会产生意义深远的影响，其影响或许可以与信息技术或者细胞生物学、遗传生物学和分子生物学相比。”莱恩博士在2月7日给国会的报告中说，“精确控制纳米级基本单元的尺寸和成分，将这些基本单元进行合成，然后组装成具有特殊属性和功能的大结构”，这种能力“将给材料制造业带来巨大变革”。

这些突破可以带给我们纳米结构金属，不需要加工就能精确定形的陶制品和聚合物，用于切削工具、电子、化学及建筑的纳米涂层，用于小型太空船航空电子设备的纳米仪器，纳米结构传感器和纳米电子器件，以及热障和耐磨损纳米结构涂层。这些都有着极大的可能性。

我相信我们需要在材料技术上不断提高。我相信我们不会满足于仅仅在旧的技术上进行改进。我相信诗人卡尔·桑德博格诗中所写的：“除非先有梦想，否则什么也不可能发生。”我们需要再次梦想，梦想新公式、新金属、新材料，梦想纳米科学、纳米工程、纳米技术，梦想可能性和机遇，然后让梦想成真。然后，也只有这时，我们才能用自己的发现开启激动人心的新领域。

## 5.4 乔治·穆勒：波音公司鬼怪工厂的第二任总裁

2001年4月2日，鬼怪工厂总裁戴维·斯温宣布他将于7月把鬼怪工厂的总裁之位移交给乔治·穆勒（见图5–15）。2001年7月2日，乔治·穆勒上任，成为波音公司鬼怪工厂的第二任总裁。戴维·斯温说，“穆勒从1999年起就协助我领导鬼怪工厂，今天他成为鬼怪工厂独立的领导人很合适。这将有助于简化组织内部的汇报关系，也让我有更多的时间和精力来履行波音首席技术官的职责。”

图 5−15　波音公司鬼怪工厂的第二任总裁乔治·穆勒

鬼怪工厂是实体性的组织，成员约有 4000 余人，遍布整个波音公司并支持公司所有业务部门。它的任务是成为企业创新的催化剂，贡献技术上的突破，显著减少波音产品与服务的生产周期和成本，同时改善质量和性能。波音主席和首席执行官菲尔说：“在波音公司新的组织架构下，鬼怪工厂和工艺委员会在协助波音作为整体公司更高效地运作方面将扮演更加重要的角色，为我们的客户和投资人创造出更大的价值。”

1999 年鬼怪工厂重组时，乔治·穆勒被任命为鬼怪工厂的副总裁兼总经理，直接向鬼怪工厂总裁戴维·斯温汇报工作。当时穆勒的关注重点是鬼怪工厂中直接与飞机和导弹系统相关的工作，以及航天与通信领域。成为总裁后，乔治·穆勒的职责从支持波音的主要防务与航天业务部门，扩展到支持所有的业务部门，包括波音民用飞机集团、波音连接公司和空中交通管理公司。他将向首席技术官斯温报告工作。乔治·穆勒表示：“这一变化对我们的员工影响很小，实质上对我们所从事的工作没有任何影响。如果说有什么区别的话，那就是将使我们更加敏捷、快速地支持各业务部门，并在整个公司内实施最优的方法与技术。”为了进一步简化组织汇报关系，将从现在的鬼怪工厂分离出 3 块非研发业务，也向首席技术官斯温报告，分别是波音风险投资、知识产权业务及外设技术机构。

### 5.4.1　乔治·穆勒履历

乔治·穆勒 1967 年大学毕业后加入美国空军，在美国空军服役了 31 年。乔治·穆勒是经验丰富的老兵，服役的大部分时间是作为战斗机飞行员和教官、试飞员和指挥官，有着 5300 多小时 F−4、A−7、F−15 及 F−16 的飞行

经验。他曾在越南执行了690次F-4飞机的作战任务，曾任空军第6513中队的指挥官，在“沙漠风暴行动”中负责“联合星”的部署并飞行了50作战架次。乔治·穆勒还是战术、指挥、控制和通信系统以及武器项目的任务区主管。1992年，乔治·穆勒成为弗吉尼亚州兰利空军基地空中作战司令部总部负责需求的副参谋长。1993～1995年，他是JAST项目（也就是后来的JSF项目）主任和执行官。1995年起穆勒任空军采办副部长办公室主任，1998年以中将身份退伍（见图5-16）。

图5-16 1998年8月1日，乔治·穆勒从空军退役

1998年退役后，乔治·穆勒加入波音公司。1999年，穆勒被任命为波音公司鬼怪工厂的副总裁兼总经理，2001年成为鬼怪工厂总裁。2002年7月，穆勒任波音公司空军系统部资深副总裁兼总经理，负责所有国内和国际与空军相关的项目。之后，穆勒任综合防务系统业务部门的先进系统部总裁，并于2008年2月从这一职位退休。

乔治·穆勒1967年毕业于伊利诺伊大学航空航天工程专业，取得学士学位；1974年获得南加利福尼亚大学航空系统管理硕士学位；1978年在海军作战学院学习；1979年取得加利福尼亚州州立大学电子工程硕士学位；1983年取得奥本大学工商管理硕士学位并完成在空军作战学院的学习；1991年在防务系统管理学院学习。

乔治·穆勒是航空航天教育委员会（Board for Aerospace Education，BAE）的副主席，是美国空军协会（Air Force Association，AFA）的终身会员、美国试验试飞员协会（Society of Experimental Test Pilots，SETP）会员、RAS会员及AIAA会员和前会长。他也是美国空军学院（United States Air Force Academy，USAFA）“战隼”基金会的理事，并为伊利诺伊大学监事会工作。

## 5.4.2 坚持空间战略

19 世纪，经济和军事的全球发展取决于对海洋的控制，20 世纪主导力量来自空中。而在 21 世纪，战略重心正转向另一新的形式，新的天基网络通信、导航、监视和武器系统的出现将重新定义新的技术高地。鬼怪工厂总裁乔治·穆勒是空间战略的积极倡导者，他说，“海洋开发曾使航海国家的发展远远超过同时代其他国家，如今这个模式对空间开发将同样适用……打破旧模式和实现更低成本和更快响应的唯一途径是采用可重复使用的运载系统。目前单级入轨技术还达不到，但双级入轨结合吸气式超燃冲压发动机和火箭的方式正变得越来越可行。”

为了这个目标，波音公司投入资金支持鬼怪工厂的一系列技术研究工作，其中包括在美国政府的“国家航空航天倡议（National Aerospace Initiative，NAI，2001 年，以设计一种能以 *Ma*10 飞行的试验飞行器）”和“空间发射计划（Space Launch Initiative，SLI，以寻求航天飞机的接任者）”下发展起来的 X−37 与 X−40A 空间机动飞行器、X−43 与 X−51 高超声速飞行器的研制工作。

天基雷达（Space Based Radar，SBR）以及 GPS、卫星通信、红外预警与成像卫星系统正逐步使得空间成为军事搜寻、定位、跟踪、目标对准、作战和评估“杀伤链”不可或缺的一部分。穆勒说，“天基雷达的加入将使我们拥有 24h 持续全球监视的能力，与机载和地基传感器相结合能为网络化战斗机提供全球态势感知。”

图 5−17 乔治·穆勒是空间战略的积极倡导者

随着美国与军事盟国在通信、导航、监视和武器瞄准方面对空间的依赖，空间控制正成为关键性的因素，包括空间监视或侦察潜在敌方轨道系统的能力，以及探测敌方并防御敌方试图对美国天基传感器及其辅助设备（如 GPS）的干扰。乔治·穆

勒说，“我们需要像在海洋开发时那样，通过防御和进攻的双重手段保护我们进入和利用空间的能力。那些认为太空是圣堂的人不会明白经济要素和国家力量要素对国家有怎样的影响，空间控制在未来将至关重要。”

### 5.4.3 乔治·穆勒的成就

2003 年 9 月 30 日，美国航空航天材料与工艺工程师学会（Society of Aerospace Material and Process Engineers，SAMPE）将其最高奖项——乔治·卢宾纪念奖——颁给了前鬼怪工厂总裁乔治·穆勒，以表彰他在先进材料和成本效益工艺改进并将其用于先进军用系统方面所起到的作用与贡献。在穆勒为美国空军服役的生涯中（包括担任 JSF 项目主任），以及自他从波音鬼怪工厂总裁的位置上退下后担任波音空军系统部资深副总裁期间，他深深认识到新材料和新工艺对提升 F-35、“捕食鸟”验证机、F-22、无人机及其他军用武器系统能力的重要性，并对这些新材料、新工艺进行了充分的应用。对于这些成就，SAMPE 认定穆勒能被授予最高的奖励。

乔治·卢宾纪念奖的颁奖原则是颁给那些值得表彰的推崇新材料和工艺（Material and Processes，M&P）技术进步并使 SAMPE 的材料和工艺目标得以实现的人。该奖项的制定是为了纪念乔治·卢宾（1913—1984）这位技术巨人，他是塑料工业的创新者、教育家、创始人及国际咨询专家和演说家。该奖项被授予国际上知名的工作在材料和工艺领域的个人。

乔治·穆勒还被授予过工程师协会颁发的凯利·约翰逊奖。凯利·约翰逊（见图 5-18）是航空界最有影响的发明家之一，是洛克希德·马丁公司臭鼬工厂的创始人。臭鼬工厂是当今世界上最为先进最具创新力的飞行器研发机构之一，而鬼怪工厂正是当时麦道公司为抗衡臭鼬工厂而成立的。穆勒能获得凯利·约翰逊奖，也正说明了他在领导鬼怪工厂方面所取得的杰出成就。此外，乔治·穆勒还多次获得过国防部优异服役奖章、“功勋团”勋章、“卓越飞行”十字勋章、美国陆军橡叶勋章、紫心勋章、航空勋章、空军嘉奖奖章等荣誉称号。

图 5–18　洛克希德·马丁公司臭鼬工厂的创始人凯利·约翰逊

## 5.5　罗伯特·克里格：波音公司鬼怪工厂的第三任总裁

罗伯特·克里格（见图 5–19），波音公司首席技术官，2002 年 7 月起担任鬼怪工厂总裁，2007 年底卸任并退休，是鬼怪工厂总裁中在位时间最长的一位。作为波音公司首席技术官和鬼怪工厂总裁，罗伯特·克里格负责协助制定和实施企业技术投资战略，带领公司的高级研发部门提供创新性的技术解决方案，以降低波音产品和服务的寿命周期成本，同时提高其质量与性能。

图 5–19 波音鬼怪工厂的第三任总裁罗伯特·克里格

### 5.5.1 罗伯特·克里格履历

1968 年，罗伯特·克里格以资深工程师的身份加入麦道公司。在他的早期生涯中，罗伯特·克里格参与了再入飞行器流场分析与可探测性分析，以及战术导弹合成技术的开发。1987 年，罗伯特·克里格成为国家空天飞机计划（National Aerospace Plane，NASP）的系统综合经理，随后成为海军先进空中阻滞武器系统（Advanced Interdiction Weapon System，AIWS）项目的副经理。1992 初，罗伯特·克里格担任空军联合直接攻击弹药（Joint Direct Attack Munition，JDAM）的项目经理，当年稍后成为战略技术部主任。1993 年，罗伯特·克里格被任命为麦道公司技术部主任，负责飞机和导弹技术研究与开发计划。随后担任了麦道公司海军与海军陆战队导弹系统部总经理，负责军用飞机和导弹系统的研发；负责“鱼叉”、SLAM（低空战略导弹）和 SLAM–ER 导弹的设计与生产；担任麦道公司与英国航宇公司联合研制的 AV−8B“鹞”式战斗机项目的总经理，负责该项目的日常运作。

麦道公司并入波音公司后，罗伯特·克里格担任了波音鬼怪工厂工程技术部的副总裁，负责为波音产品开发创新的技术和有重大改良的工艺。2001 年 12 月，克里格被任命为波音公司负责军用飞机和导弹系统工程部的副总裁和总经理。2002 年 7 月，克里格成为鬼怪工厂总裁，负责管理数千位工程师、技术专家和科学家并组织开展 500 多个项目。克里格同时还是波音公司代理首席技术官，负责战略技术规划在公司的深入持续开展。

除了从卡耐基技术研究院获得土木工程的学士学位外，罗伯特·克里格还从卡耐基梅隆大学获得了应用空间科学的硕士和博士学位，并获得过卡耐基梅隆大学杰出校友奖和密苏里州职业工程师协会年度工程师奖。罗伯特·克里格是 AIAA、RAS 会员，获得过数次 AIAA 奖项。另外，他还是圣路易斯科学中心理事会成员。

### 5.5.2 支持创新

罗伯特·克里格上任后面临的挑战是寻求新的方法为波音公司各业务部门获取和提炼全面经济可承受的技术，为美国政府这个客户研制先进的系统，如 X 系列飞行器及试验飞机。2002 年，鬼怪工厂转换了价值约 40 亿美元的技术给各业务部门，帮助它们夯实基础；同时把一些项目也成功移交给各业务部门，包括美国陆军未来作战系统、X−37 空天技术验证飞行器以及精确制导小直径炸弹项目等，以帮助提高各部门的地位与业绩。

罗伯特·克里格说，“我们就是采取这种方法，将鬼怪工厂带给我们全球企业的价值最大化。”他还去莫斯科造访了俄罗斯的一些顶级技术领军人物，“我们就是要为公司各业务部门和政府承担风险，成为创新的催化剂。”有意思的是，克里格现在与俄罗斯的技术团体有合作关系，但其实正是苏联激发了他对航空航天的兴趣。1957 年 10 月 4 日，罗伯特·克里格随父亲和外祖父野外露营，从一台老式收音机中听到苏联已经成功发射了轨道人造卫星，他说:“我当时感到很绝望，我们在太空中的地位突然不再是第一了，我当时就下定决心要从事航天项目研制工作。”克里格 1968 年加入了麦道公司，希望

为“双子星”或“水星”等航天项目工作，带着这个想法工作了3年。他说，“我没有得到在那几个项目上工作的机会，但我已经对我所从事的工作充满了兴趣。”

罗伯特·克里格有着令人印象深刻的多种工程证书，有丰富的经验和领导能力，影响了美国众多重要的军用先进导弹和战术战略飞机概念及空间再入技术的设计和研制。在他整个职业生涯中，他帮助振兴了引领当今军事变革的多种技术，如开放式系统结构、信息集成、高超声速、作战仿真、先进飞行、先进材料和高能系统，不一而足。

一种说法是罗伯特·克里格对“鱼叉”导弹项目的贡献是他最大的成就，然而他自己最引以为豪的还是20世纪80年代末作为国家空天飞机计划（NASP）X−30单级入轨技术验证飞行器总工程师时的经历。该项目虽然最终并没有成功，但克里格所构想的许多技术概念通过X−30得以催生，这一系列次规模的试验构思和项目，许多已经在后续的X−33、X−34、X−37、X−38、X−40和X−43的方案和研究中得以体现，这些项目本身证实了高超声速技术在各种军民用途中的持续影响力。克里格在其个人职业生涯的早期，就已经在从技术专家转变为决策管理者。优秀的项目研制团队是鬼怪工厂最了不起的成就。例如未来作战系统和X−37这样的项目，汇集了波音公司内外最顶尖的技术人才，注定将在波音未来的成功中扮演重要的角色。

除了关注未来，罗伯特·克里格还鼓励鬼怪工厂工程师们集中精力进行项目研制，并实现目标。他说，“应对今天的挑战，实现目标，从成功和失败中吸取经验教训，这些对我们个人和公司未来的成长都大有裨益。”克里格用高尔夫球运动来比喻：“为了打出一记好球，不能受其他思路干扰，一次用心打出一杆，这和做好未来规划一样重要。在提升与发展间需要一种平衡。”克里格致力于在鬼怪工厂实现这种平衡，“我们的核心价值——创新、敏捷、技术领先、风险承担和企业家思维激励我们寻求近期和长期的未来发展，同时，我们的团队和各业务部门的工作重点则是执行当前的项目和计划。因此，这就是我们成为企业的创新催化剂和未来发展关键要素的原因。”

### 5.5.3 推进转型

2005 年初，波音公司总裁、首席执行官哈里·斯通西弗说："全球竞争正变得越来越激烈。为了应对这种竞争，我们需要找到当今世界最好的最创新的技术并使用它们来改善我们的产品和服务。"波音公司于 2003 年底任命了新的首席技术官，负责建立波音公司历史上首个专为整个企业提供技术指导的正式机构。各业务部门需要关注是否能无缝地执行其计划，同时为了拓展业务，也需要一个机构把重点放在为它们提供正确的技术、工艺和人员，从而成为全球航空航天领导者。

基于此，新的波音公司技术机构的主要目标是：

- 建立一套系统化的流程，使波音能最大化地产出其技术投入；
- 建立一套通用系统和流程，使波音在全球范围内运行更为有效；
- 确保波音拥有满足近期和长期商业目标所需的正确技术组合。

波音公司对技术部的主要业务机构进行了重组，包括鬼怪工厂、知识产权业务公司、风险投资公司以及信息技术部。鬼怪工厂是波音公司的先进研究及发展部门，也是企业技术创新的助推剂，在总裁罗伯特·克里格（见图 5-20）的带领下正在将其重心转向为政府客户和民用客户提供更加平衡的支撑。

图 5-20　罗伯特·克里格推进鬼怪工厂创新转型

罗伯特·克里格说，“历史上，鬼怪工厂的业务一向与国防领域接触得更紧密，不过我们也一直在向波音的商用飞机提供支持。在过去的10年中，我们在了解波音商用飞机的需求以及如何更好满足需求方面已经取得了持续稳定的进步。”他举例解释说，鬼怪工厂在过去的岁月里已经成功满足了波音7E7飞机计划中350多项技术和工艺开发里程碑节点，占总数的98%，并且还在支持着其他许多波音商用飞机计划。一个主要的推力就是在波音公司的各类计划中引进了精益有效的设计和制造工具及工艺。在克里格领导下，鬼怪工厂还把前空中交通管理业务部整合进自己的队伍中。在未来几年内，在政府投资优先权允许的情况下，鬼怪工厂将继续致力于打造市场，并将自身定位成领先的系统集成商。

## 5.5.4　引领高科技项目

在2003年的一次访谈中，鬼怪工厂总裁罗伯特·克里格说，作为波音公司的先进研发部门，鬼怪工厂将因提出未来的航空航天规划而引人注目。他说，“通过提供激动人心的新系统解决方案及技术突破，我们为公司业务注入真正的价值，我们协力构建航空航天的未来。”

罗伯特·克里格举例证明了自己的这番话。2003年，在陆军未来作战系统(Future Combat Systems，FCS)项目中，鬼怪工厂率先成功达到决定性的前沿里程碑，将为美国陆军带来一种革命性的网络中心解决方案，实现其军队需求。FCS和X-37项目也成功移交给了波音综合防务部。克里格还举了鬼怪工厂完成X-45A联合无人作战飞机的单舰飞行试验和将在2003年11月进行多舰飞行试验的例子。

图5-21　克里格手持X-45A模型

另外，鬼怪工厂还准备开展革新性的鸭式旋翼／机翼（Canard Rotor/Wing，CRW）概念的飞行试验，能用于直升机和固定翼飞机，也能用于X–43A 高超声速飞行器，以更可承担和更有效的吸气式超燃冲压发动机演示验证 *Ma*7 时的飞行。鬼怪工厂还签订了 X–43C 可重复使用高超声速飞行器以及轨道航天飞机（多用途航天飞行器）、木星冰月轨道器和美国空军的作战管理指挥控制系统（Battle Management Command and Control，$BMC^2$）项目的合同。在将创新性技术转移到各业务部门方面，2003 年的鬼怪工厂超过了预定目标，降低了生产周期和成本，同时提高了产品质量和性能。

作为鬼怪工厂的总裁，罗伯特·克里格主持着这个全球性的创新研发机构，在研项目达 500 多个，拥有数千名工程师、技术专家和科学家。如前所述，除了国防及军用领域，克里格也致力于鬼怪工厂在民用需求上的平衡。2005 年 6 月，鬼怪工厂加入了汽车纳米技术合作计划。三大技术研发公司福特发动机公司、波音公司和西北大学宣布未来将在纳米技术上共同合作，组成纳米技术创新联盟。

该项合作是研究纳米技术的商业应用，即在工程上要处理小于 100nm 和分子水平的物体，未来有望在交通领域方面有所建树，如小汽车将可能以清洁氢能为燃料，而不是汽油。鬼怪工厂总裁罗伯特·克里格说，"我们非常高兴能与福特公司及西北大学在利用和开发纳米技术的创新之路上开展合作。纳米技术为改善我们的现有产品提供了令人激动的新的可能性，有助于未来开发出更加优秀的产品。我们承诺起用我们最好的工程师和技术能力来发现和开发新的技术，这也将裨益我们的防务、空间和民用飞机产品。"

2007 年，波音公司在一项名为高超声速国际飞行研究试验（Hypersonic International Flight Research Experimentation，HIFiRE）的高超声速研究项目中获得了关键角色，该项目价值 5400 万美元，由 AFRL 和澳大利亚国防科学与技术机构（Defence Science and Technology Organisation，DSTO）联合实施。在由澳大利亚昆士兰州政府资助签署的协议中，波音公司将与 DSTO 和昆士兰州大学一起进行 3 项关键飞行试验，并将在其中 2 项飞行试验中继续设计自由飞行的乘波体高超声速飞行器。

鬼怪工厂总裁罗伯特·克里格表示："我们非常高兴有机会在高超声速飞行方面继续我们的成功研究。波音在高超声速研究方面处于行业领先，已取得成功的项目有 X-43A 等，这次合作将为高超声速飞行带来新的知识和理念，为航空航天领域打开新的前沿阵地。"鬼怪工厂的前任总裁、现任波音先进系统部总裁乔治·穆勒说："波音数十年来在高超声速领域有着优良的传统和经验，我们期待着与澳大利亚伙伴展开新的合作。"

## 5.6 马修·甘茨：波音公司鬼怪工厂的第四任总裁

2008年2月18日，波音公司宣布马修·甘茨（见图 5-22）为鬼怪工厂总裁，接替于 2007 年 12 月 31 日退休的罗伯特·克里格。马修·甘茨将向波音公司首席技术官和工程、运行与技术部的高级副总裁约翰·特雷西报告工作。特雷西表示，"甘茨在技术开发和领导能力上的背景令人印象深刻，同时他很熟悉波音的技术，这些都使他成为这一关键领导岗位的不二人选。"

图 5-22 波音鬼怪工厂的第四任总裁马修·甘茨

### 5.6.1 马修·甘茨履历

马修·甘茨毕业于俄亥俄州州立大学，主修电气工程专业，拥有理科学士、理科硕士和博士学位。1982 ~ 1984 年，甘茨在马里兰州约翰·霍普金斯大学应用物理实验室任助理员。1986 ~ 1992 年，他在马萨诸塞州列克星敦的马萨诸塞技术研究所林肯实验室雷达系统组担任助理组长。1992 ~ 1998 年，甘茨在弗吉尼亚州阿灵顿的 DARPA 工作，担任特别项目办公室的项目经理和传感器技术办公室主任。1998 ~ 2000 年，甘茨是查尔斯·斯塔克·德雷珀实验室技术和项目部的副总裁。2000 ~ 2001 年，甘茨在马萨诸塞州坎布里奇成立了领航技术风险公司，作为德雷珀实验室的派生公司，并担任这家原始风险基金公司的行政主管兼首席执行官，直到 2001 年。

2001 ~ 2003 年，马修·甘茨在诺斯罗普·格鲁门公司位于得克萨斯州艾温和加利福尼亚州埃尔塞贡多的综合系统部担任区域副总裁，负责战略与技术。在诺斯罗普·格鲁门公司期间，甘茨协助开展了总额为 30 亿美元的技术战略计划，包括 B–2 隐身轰炸机和其他 8 种主要的军用飞机。

2003 年，马修·甘茨加入位于加利福尼亚州马利布的休斯研究实验室(Hughes Research Laboratories，HRL)，担任总裁、首席执行官和总经理。HRL 实验室由波音公司和通用动力公司联合所有，负责为各种各样的商业与政府客户进行研究与开发工作，这其中也包括鬼怪工厂，其被授权主要以提供技术解决方案的方式满足波音公司民用和防务业务部门的中长期需求，并寻求有潜力的新商机。

之后，马修·甘茨担任了波音公司鬼怪工厂的副总裁和总经理，领导一支近 4000 名员工的队伍，开发创新性的系统解决方案与技术，为波音现有的项目和产品提供支撑，同时还为新产品和商机的创建提供突破性技术。2008 年 2 月，甘茨成为鬼怪工厂总裁。

马修·甘茨还是 10 个国防科学委员会和空军科学顾问委员会研究协会的成员或主席，以及几个私人公司的董事会成员（如比例复合材料公司，该公司曾赢得第一个私人企业载人航天发射的 X 奖）。

## 5.6.2 甘茨的思想

马修·甘茨担任过大型公司、小型新兴公司、风险基金公司，以及政府、私人及大学研发实验室的技术带头人，最终他成为了鬼怪工厂的领导者。鬼怪工厂是一个支持波音各业务部门技术需求的组织，通过那些先进的、创新性的技术准备捍卫着波音公司的未来，在这样的氛围下，甘茨非常乐于分享自己的管理及创新经验。他说：“面对当今飞速变化的世界，波音公司极尽所能地对未来做了很好的部署，躬逢其盛，我不能抗拒这个机会。”甘茨说他在波音公司的头 6 个月，主要是在“倾听”。2008 年 8 月，他与《波音前沿》杂志分享了他的思想。摘录如下。

图 5—23　马修·甘茨：创新的倡导者

记者：你做事的优先顺序是什么？

甘茨：最先是从人开始，确保把对的员工放在对的岗位上，并且提出挑战，激励他们，给予优秀员工恰当的报酬。如果你观察一下波音的人力资源特征，很明显是处于一个快速变化的时期。我们许多人员都将在下一个10年退休。在这些年里波音公司要想成为年轻一代技术人员的最佳雇主选择，就需要我们理解他们的价值观和个性特点。比如，许多年轻人很喜欢现代的先进通信工具和游戏工具，一些工作年限久的员工也是如此。因此我们需要调整价值观以及思考如何做好工作，从而更好地与年轻一代站在一起。

我优先考虑的还有就是确保技术工作与波音公司的商业成功相一致。鬼怪工厂的重点是关注波音各业务部门需要的可交付的技术，并思考和制订计划以支持波音未来长远发展，比如公司在未来15年后拥有何种面貌？以及鬼怪工厂如何协助打好这一基础？

记者：波音公司如何更好地进行创新？

甘茨：我承诺鬼怪工厂会帮助保持并进一步促进波音公司成为最富声誉、最具创新性的航空航天公司。更重要的是要认识到创新也关乎商业，并不仅仅是技术。应倾听客户的声音并解决他们的问题。发明和创新是有区别的。令人感兴趣的技术和重要的技术之间也有差别。真正的创新构想不仅具有发明性，而且也能通过为客户提供产品和服务，显著降低其成本，改善其性能，从而解决真实的问题。

记者：鬼怪工厂如何支持波音公司的企业技术战略？

甘茨：作为集中性管理的先进研发组织，鬼怪工厂在波音公司新的企业技术战略中发挥了充分的作用，并且使自身与新的技术领域结合在一起。公司领导对我们的工作认识非常明晰，特别是我们对波音民用飞机和综合防务系统部中长期技术规划的支持，帮助为公司新的商机提供技术并降低风险，以及吸收利用其他公司所开发的技术。我们要与公司当前与未来的成功同步前行，并贡献每一天。

与工程、运营和技术机构的其他成员一道，我们通过与各业务部门和职能部门的合作，建立统一的波音公司文化，在整个公司内分享和传播最好的经验和最优的技术，建立并采用标准化的系统、流程和培训。

记者：未来什么样的先进技术能为波音带来最好的发展前景？

甘茨：我们正尝试着去了解全球市场未来发展真正重要的主要驱动力，而不是从研究哪项技术更重要出发。除此之外，我们正调整我们的技术工作，以尽可能有效地解决这些主旨问题。

很明显，能源和环境问题是最主要的市场驱动力。全球能源需求增长速率日益超越石油、煤和天然气的供给速率，我们解决今后温室气体排放的能力也有限。如何通过技术途径来实现节能减排？有很多种方法，有些方法很简单，比如把产品中直接影响产品能耗和环境性能的部分去掉。

另一个主要的全球市场驱动力称之为“非对称威胁”，我们的商业、政府或公众安全有可能被这种威胁所扰乱，如恐怖主义、黑客和全球疾病。我重申，我们正关注这些问题并致力于研究相关技术方法来有效应对。还有另外一些问题，例如如何更好地处理大规模的复杂系统或海量数据。当遭遇这样的系统和数据时，我们如何才能使大家做出更好的决策？此外，我们的市场与技术都处于全球化进程，在世界经济范围内我们如何做出好的技术来源决策与技术伙伴决策？

### 5.6.3 合作

作为波音公司先进研发部门鬼怪工厂的总裁，马修·甘茨积极推动鬼怪工厂与波音各业务部门、外部客户、供应商、大学及其他研发机构开展合作，提供具有广泛领域基础的创新的和经济可承担的技术，不仅能拓展未来波音公司的各项产品系统及服务，同时也有力推动了当前系统的提升。

波音公司与英国克莱菲尔德大学签署了一项合作协议，计划在2007年7月创立一个具有世界一流水平的综合飞行器健康管理（Integrated Vehicle Health Management，IVHM）中心。该中心将采用传感器来监控飞行器的健康状况，由IVHM收集的信息能用于改善可维修性，扩展整个飞行器和单个部件的寿命，提高飞行器的完备性和可用性，降低操作成本。2008年11月6日，该中心举办了盛大的开幕式。马修·甘茨作为波音研究与技术部门的领导代表之一参观了该中心（见图5-24）。

图5-24　马修·甘茨（左二）参观IVHM中心

2010年1月25日，波音公司宣布与日本东京大学签署谅解备忘录，共同研究和开发符合双边利益的技术项目（见图5-25）。协议由时任鬼怪工厂副总裁兼总经理马修·甘茨和东京大学管理主任、行政副校长签署，规定了未来技术合作的框架和流程。来自波音鬼怪工厂和东京大学的研究人员一起评估了双方在机械臂等领域的潜在合作前景和与模拟及仿真相关的技术。甘茨说，“我们正迈向全球寻求航空航天领域的最佳人才和技术，我们非常期盼与东京大学共同工作，不仅能帮助我们迎接挑战，更能创造未来。”东京大学的副校长则回应说，“工业界与学术界的合作满足了双方关注的领域，我们大学在各个领域都有杰出的人才和专家，希望能与波音公司联合开发研究项目，将知识造福于社会。”

图 5-25　波音鬼怪工厂与日本东京大学开展合作

## 5.7　达瑞尔·戴维斯：波音公司鬼怪工厂的现任总裁

2009 年，达瑞尔·戴维斯（见图 5-26）接替马修·甘茨成为鬼怪工厂总裁，负责先进交叉概念和技术的研发以及新项目在达到系统设计与开发阶段之前的研究工作。马修·甘茨则再次成为鬼怪工厂副总裁兼总经理。

图 5-26　鬼怪工厂现任总裁达瑞尔·戴维斯

### 5.7.1　达瑞尔·戴维斯履历

达瑞尔·戴维斯 1954 年出生，1979 年毕业于普渡大学，取得航空航天工程学士学位，后取得了密苏里大学的机械工程硕士学位。毕业后戴维斯于 1979 年加入麦道公司，从事推进工程工作。从那时起，戴维斯就在麦道及波音公司内承担了越来越多的重任，包括负责 F/A-18“大黄蜂”战斗机、军用飞机和导弹系统的民用开发，以及担任先进打击武器系统和

AV-8B“鹞”II的项目经理。戴维斯还是JSF联合攻击战斗机项目截获技术团队领导。另外，他还主导进行了J-UCAS项目的一些主要调整。

图5-27 达瑞尔·戴维斯站在一架全尺寸X-45C模型前

达瑞尔·戴维斯可谓是一位在波音公司工作了28年的“老兵”，他在工程领域、新技术领域及业务开发领域越来越多地担任了管理和行政职务。他担任过波音全球打击方案部的副总裁，对向美国军方和国际客户提供协调后的全球打击解决方案负全责；是J-UCAS项目的副总裁和项目经理，领导波音X-45团队验证无人作战飞机的技术可行性；还是波音业务开发部的副总裁。2006年，达瑞尔·戴维斯成为波音先进精确作战和机动系统分部（先进系统部的一个业务部门）的副总裁和总经理，负责围绕综合防务系统部三大主要能力（持续情报、监视和侦察及空中反潜战，全球攻击，全球机动）拓展精确作战和机动系统业务领域。2007年底，戴维斯被任命为波音IDS先进系统部的总裁。2009年，戴维斯成为鬼怪工厂总裁。戴维斯曾是美国参议院布鲁金斯国会研究所成员。

### 5.7.2 开拓新领域

达瑞尔·戴维斯的工作是负责开发先进概念和技术，并且在新项目达到系统设计和开发阶段之前执行这些项目。他说，“我们从事的是令人激动的工作，这个领域在整个航空航天谱系内正快速腾飞。”通过“快速样机法”，波音公司的航空航天工程业务正在鬼怪工厂内蓬勃发展。由波音公司提供资金，对公司各业务部门的不同复杂系统样机进行测试。戴维斯说：“我们测试这些原型机及其相关系统，以验证我们客户所需要的能力。当客户需要这样的能力时，我们至少能够提供 70% ～ 90% 的近似答案。”

达瑞尔·戴维斯认为，无人飞行器，或称 UAV，是过去数年航空航天工程领域中最令人激动的和前景最为看好的研发方向。无人机原型机工作的一项成果是鬼怪工厂于 2009 年初推出的“鬼怪鳐”无人验证机。“鬼怪鳐”进一步确定了波音公司在无人机领域不断上升的领导地位。2010 年 5 月 10 日，“鬼怪鳐”在圣路易斯首次亮相（见图 5–28）。在揭幕式上，鬼怪工厂总裁戴维斯说：“‘鬼怪鳐’代表了我们在波音内部完成的一系列重大变革。长久以来第一次，我们花费自己的资金设计、制造和试飞了近距作战原型机。这些投入对我们数十年来在无人驾驶系统领域的经验有着深远的影响和促进，使我们的研究领域从海洋拓展到太空。”

图 5–28　2010 年 5 月，“鬼怪鳐”在圣路易斯揭幕

另一项波音投资的原型机是“鬼眼”高空长航时（High-Altitude Long -Endurance，HALE）无人机项目（见图 5-29）。在最终确定是否制造验证机之前，进行了液氢推进系统试验。氢燃料推进系统是“鬼眼”成功的关键，它是一种非常有效和经济性的燃料，唯一的副产品是水，因此“鬼眼”也是一种“绿色”飞机。2010 年 7 月 12 日，波音公司揭开了“鬼眼”无人验证机的面纱。它能够在地面站操纵下，在近 65000ft 的高空上维持 4 天以上，生产型飞机的这一能力有望达到 7 天。作战型 HALE 将携带持续情报、监视和侦察任务。

图 5-29 “鬼眼”无人验证机

在圣路易斯当天的揭幕式上，波音鬼怪工厂总裁达瑞尔·戴维斯说：“‘鬼眼’是第一种在收集数据和通信方面打开新市场的无人验证机。它是梦想化为现实的完美例子。它见证了我们在原型机阶段的巨大付出，事实将证明它将代表最高水平的持续情报、监视和侦察能力。‘鬼眼’无人验证机的内在能力将改变我们军用、民用和商用客户的游戏规则。”

2010 年 7 月 20 日，在范堡罗国际航展上，波音公司召开了关于综合性无人驾驶飞机的记者招待会，会上波音军用飞机部总裁克里斯·查德威克和鬼怪工厂总裁达瑞尔·戴维斯揭开了波音无人驾驶飞机运输系统模型的幕布（见图 5-30），预示了波音无人机系统项目的顺利发展。

图 5-30　波音公司向世人展示其无人驾驶飞机运输系统模型

（右侧为鬼怪工厂总裁达瑞尔·戴维斯）

无人机不仅在战时有用，而且在和平时期也具有各种组合应用的可能性。在一次飓风后，达瑞尔·戴维斯举了个例子来说明："想象一下，如果你能远程监控到（飓风）后果，不是很好吗？"当飓风来时本地设施将会被暴雨摧毁，但像"鬼眼"这样的无人机就能帮助快速恢复警察、消防员和国民警卫队之间的通信线路，为所有应急响应小组重建起态势感知。在一篇对戴维斯的访谈文章篇首写道："达瑞尔·戴维斯描述了一幅未来的图景：汽车飞驰在天空的高速公路上。不得不说只有波音鬼怪工厂的总裁才能有如此高远的视野。"

同时，达瑞尔·戴维斯也十分关注航空航天工业界未来的发展，他说，"我们需要考虑能接续 F-22 的项目是什么。我们需要保持住在 F-22 和 F-35 上应用的技术优势，这样才能前进至下一代空优平台。"当前没有新的在研军用有人驾驶固定翼研发计划，这在美国航空航天工业历史上是第一次。这也是三大航空航天工业巨头（波音公司、洛克希德·马丁公司和诺斯罗普·格鲁门公司）所担忧的。2010 年 9 月，在空军协会（Air Force

Association，AFA）航空航天技术交流会上，戴维斯发表演讲表达了他的忧虑（见图 5-31）。到会的工业界代表也敦促美国国防部要超越今天的眼光，制订明日的计划，以使工业界将资金投到所需的技术上，尽早启动相关计划，提交下一代新型战机。

图 5—31　戴维斯在 AFA 会议上发表演讲

## 5.8　创新需要“鬼怪”式人才

有一种信念意识是成功企业都具备的，不然，它很难历经百年风浪仍动力十足。波音公司之所以“乐此不疲”地制造风险，进行创新，那是因为它在创业初期就给自己定下一个宗旨：“谁都不应该用‘做不到’这一说法来排斥新颖的创意。我们的工作就是持续不断地研究和试验，我们不能错过飞行和飞行设备新的进展。所以波音公司不会等待外在环境要求时才去创造。”波音公司董事长、总裁兼首席执行官詹姆斯·迈克纳尼说，创新的勇气来源于鬼怪工厂，来源于鬼怪工厂的领导者与工程师们。

纵观鬼怪工厂管理者，在管理者的资质方面都有相当的共通点，即坚定支持创新，拥有果断的执行力和决断力，顺应新的时代下航空航天变革的要

求，放手开拓一个又一个更新的领域，以创新赢得挑战，为百年波音的传承、壮大与发展注入持续不绝的强脉生机。如今，波音公司成为航空航天业的全球霸主，正是这些“呼吸、生活、吃饭、睡觉都念念不忘的”鬼怪工厂的领导者与工程师们研究出来的水上飞机、轰炸机、战斗机、无人机及客机等，才使波音的“霸主”地位得以确立与保持。

# 参 考 文 献

[1] 李浩，张嘉亮．波音鬼怪工程部［J］．航空知识，2010（2）．

[2] 盖伊·诺里斯．“鬼怪”工作队——波音的创新孵化器［J］．国际航空，2010（1）．

[3] 聂海涛，桑建华．臭鼬工厂传奇［M］．北京：航空工业出版社，2011．

[4] DONALD D. McDonnell F-4 Phantom spirit in the skies［M］. Westport：AIRtime Publishing Inc，2002.

[5] 比尔·斯威特曼．鬼怪工厂又出旷世之作，波音放飞新隐形猛禽［J］. Popular Science. 2002（12）．

[6] 温杰．波音公司的“鹈鹕”地效翼远程巨型运输机［J］．海空力量，2004（2）．

[7] 钟海燕．美国新一代隐形机“捕食鸟”显形［J］．外国空军训练,2003(5)．

[8] 温杰．超大型飞机的新希望——X-48B验证机与BWB布局［J］．兵器知识，2007（10）．

[9] 胡晓洋．美国X-48B翼身融合体无人机［J］．兵工科技，2008（3）．

[10] 钱锟，孔维梁．翼身融合客机开启航空运输业新纪元［J］．环球飞行，2010（1-2）．

[11] 徐晖．波音公司启动“鬼怪鳐鱼”项目［J］．无人机，2009（3）．

[12] 张洋．追求“两全”能力，保持空天霸权［J］．国际航空，2011（2）．

[13] 石怀林，武卫兵．美军加快第六代战斗机发展步伐［J］．世界空军装备，2010（5）．

[14] WARWICK G．美国空军/海军定义下一代战斗机要求[J]．国际航空，2010（8）．

[15] 曾慧，白菡尘．X-51A 超燃冲压发动机及飞行验证计划［J］．导弹与航天运载技术，2010（1）．

[16] Boeing Phantom Works. http:// Wikipedia, the free encyclopedia. html.

[17] 李想．深度解析美国 X-37B 空间机动飞行器［J］．现代兵器，2010（9）．

[18] WHELAN D. Impact of technology readiness levels on aerospace R&D［OL］. 2008.

[19] 阿雯，车易．波音公司披露 X-45C 改进型——“幻影雷”无人战斗机［J］．飞航导弹，2009（11）．

[20] KOEHLER T. Listening… and deciding［J］. Boeing Frontiers, 2008（8）．

[21] Boeing’s new course-innovation catalyst［J/OL］. Flight International，2003（6）. http://www.flightglobal.com/.

[22] 黄培生．波音公司的科研工作管理［J］．数字军工，2009（5）．

[23] 董志立，徐锦．美国无人战斗机［J］．飞航导弹，2006（12）．

[24] 梁栋国，刘云．波音公司创新管理及其对我国军工企业的启示［C］//2005 年国防科技组织创新与装备费用管理高级研讨会论文集．2005.

[25] 俞盈帆．天军起步——评美国空军 X-37 空天飞机［J］．太空探索，2010（6）．

[26] LIND J. Boeing’s global enterprise technology process［J］. Research Technology Management，2006（Sept-Oct）．

[27] 王立群．美国积极研发第六代战斗机［J］．世界空军装备，2010（3）．

[28] 詹姆斯·刘易斯．波音的“携手合作”［M］．刘祥亚，译．北京：机械工业出版社，2003.

[29] DONNELLY P. Universities and small businesses：building a partnership with Boeing［R］. 2005，10.

[30] JENKINS D R. Hypersonic：the story of the North American X-15［M］.Specialty Press，2003.

[31] MILLER J.The X-planes：X-1 to X-45 [M]. Midland Publishing，2001.

[32] 任晓华．JSF 制造技术综述 [J]．航空制造技术，2002（2）．

[33] HOLZWARTH R C. The structural cost and weight reduction potential of more unitized aircraft structure，AIAA-98-1872 [R].

[34] LI V，VELICKI A. Advanced PRSEUS structural concept design and optimization，AIAA-2008-5840 [R].

[35] HARRIS W J. X-36 tailless agility aircraft subsystems integration，A9745079 [R]. 1997.

[36] BRINKER J S，WISE K A. Flight testing of a reconfigurable flight control law on the X-36 tailless agility aircraft，AIAA-2000-3941 [R].2000.

[37] PAEZ C A. The development of the X-37 re-entry vehicle，AIAA-2004-4186 [R]. 2004.

[38] RISCH T，COSENTINO G，REGAN C D. X-48B flight-test progress overview，AIAA-2009-0934 [R].2009.

[39] HANK J M，MURPHY J S，MUTZMAN R C. The X-51A scramjet engine flight demonstration program，AIAA-2008-2540 [R].2008.

[40] MUTZMAN R，MURPHY S. X-51 development：a chief engineer's perspective [OL].2011.

[41] VOGEL J T. X-51A program case in study [OL].2010.

[42] HUANG J，ROSE J，GORDON J，et al. Structural sensor testing for space vehicle application.In：Proceedings of SPIE Vol.5762 [C].2005.